GARDE   **GASBRANDER**   **GLACEERMES**   **IJSLEPEL**

IJSMACHINE   **KEUKENMACHINE**   **KOEKENPAN**   **KOKSMES**

KWAST   **MANDOLINE**   **MARMEREN PLAAT**   **MARTINIGLAS**

MENGBEKER/SHAKER   **MENGKOM**   **MIXER**   **MUFFINVORM**

CHOCOLADEBIJBEL

OOK LEVERBAAR IN DE REEKS KOOKBIJBELS:

Groentebijbel

Visbijbel

Bakbijbel

BBQbijbel

Vleesbijbel

Pizzabijbel

Pastabijbel

Soepbijbel

Worstbijbel

Broodbijbel

Saladebijbel

Koekjesbijbel

Wildbijbel

Stamppotbijbel

KEES RAAT

CHOCOLADEBIJBEL

VAN BLACK VELVET-TAART TOT MACARONS EN VAN MUNTBONBON TOT STICKY TOFFEE PUDDING

CARRERA
culinair

Met dank aan Dassie Artisan

© 2018 Kees Raat
© 2018 Uitgeverij Carrera Culinair, Amsterdam

Tekst en receptuur Kees Raat
Omslagontwerp, vormgeving en illustraties Tijs Koelemeijer
Zetwerk Atelier van Wageningen
Culinaire redactie Lars Hamer
Redactie Mariëlle van der Goen, Tessel Rijneveldshoek, Milou Breunesse
Fotografie Saskia Lelieveld
Styling alexstyling
Auteursfoto Ingrid Hofstra

ISBN 978 90 488 4440 1
ISBN 978 90 488 4441 8 (e-book)
NUR 440

www.carreraculinair.nl
www.kookbijbels.nl
www.overamstel.com
www.metropolitan.nl

OVERAMSTEL
uitgevers

Carrera Culinair is een imprint van Overamstel uitgevers bv

Alle rechten voorbehouden.
Niets uit deze uitgave mag worden verveelvoudigd en/of openbaar gemaakt door middel van druk, fotokopie, microfilm of op welke wijze ook, zonder voorafgaande schriftelijke toestemming van de uitgever.

7 VOORWOORD
10 HOE GEBRUIK IK DIT BOEK
14 DE GESCHIEDENIS VAN CHOCOLADE

18 BASISINFORMATIE
26 SOORTEN CHOCOLADE
30 INGREDIËNTEN
38 KEUKENGEREI

48 HOW-TO'S

112 BASISRECEPTEN

122 TABLETTEN EN REPEN

156 TAARTEN

188 CAKES EN CAKEJES

218 KOEKJES

244 CANDYBARS

278 DRANKEN

298 PASTA'S

312 BONBONS, TRUFFELS, DRAGEES EN FLIKKEN

378 DESSERTS EN IJS

420 GERECHTEN MET CHOCOLADE

446 DANKWOORD
450 RECEPTENINDEX
456 INGREDIËNTENREGISTER
463 ADRESSEN & LINKS

VOORWOORD

Mijn ouders hadden vroeger een bakkerij, en dat was mijn leefwereld. Mijn moeder nam mij er vaak mee naartoe en zodoende groeide ik op tussen brood en gebak. Maar pas nadat ik tijdens een stage in het atelier van Arnold Reyers van chocolaterie Pompadour voor het eerst in aanraking kwam met chocolade, ben ik ervan gaan dromen.

Toen ik Arnold op mijn eerste stagedag vroeg waarom hij niet zelf zijn chocolade maakte, antwoordde hij dat dat te duur en ingewikkeld was. Je moest bonen kopen, ze roosteren en breken, om ze vervolgens te scheiden, verwalsen en concheren. Het begon me te duizelen, maar ik bleef mij afvragen of je zelf chocolade kunt maken. Nieuwsgierig geworden naar dat hele proces, van een boon tot een reep, ging ik ermee aan de slag. Het was een langdurig proces, maar sinds 2010 maak ik met een team in mijn eigen atelier aan de Warmoesstraat *bean to bar*-chocolade. Het ging met vallen en opstaan, maar ermee stoppen was simpelweg geen optie. Cacaobonen in kleine hoeveelheden inkopen, om ze vervolgens te roosteren en te verwerken, is voor ons nu een vrij normale gang van zaken.

Maar met chocolade kan nog veel meer. En die liefde voor chocolade, de passie om te werken met dit heerlijke product, geef ik graag door met dit boek, waarin naast de bekende chocoladekoekjes, -taarten en candybars ook bijzondere recepten zijn opgenomen voor cocktails, gerechten en andere heerlijkheden. Inmiddels is het alweer 37 jaar geleden dat mijn passie voor chocolade begon. Het is geweldig om na al die jaren nog steeds 's ochtends wakker te worden na een droom over een bepaalde smaak en dat je deze gelijk wilt en kúnt gaan maken.

Het is bijzonder dat er tijdens het schrijven van *Chocoladebijbel* een nieuwe kookterm is ontstaan: 'au bain-froid'. Voor het snel terugkoelen van chocolade werd over het algemeen de term 'au bain-marie' gebruikt, maar dat is niet de juiste benaming. Er is mij altijd verteld dat de term au bain-marie – een kookmethode die wordt gebruikt om chocolade zo langzaam mogelijk te laten smelten – afkomstig is van het bad, of nog mooier, de warme buik van Marie. En Marie is in dit geval de Joodse alchemiste Maria van Alexandrië, die deze methode ontwikkelde om bepaalde ingrediënten langzaam op te warmen.

Maar om chocolade langzaam weer hard te laten worden nadat het vloeibaar is geweest, daarvoor bestond nog geen mooie term. Dus voor het terugkoelen van de chocolade is de term 'au bain-froid' bedacht. En het werkt. Als ik in mijn atelier nu zeg: 'Koel de ganache au bain-froid', begrijpt iedereen wat er wordt bedoeld. Je leest er in dit boek uiteraard nog meer over.

Ik ben trouwens gek op foefjes, dus je komt er in dit boek meerdere tegen. Zo is een ouderwetse gloeilamp van 40 watt een ideale manier om getempereerde chocolade op temperatuur te houden (zie blz. 42). Naast alle tips staan er ook veel handige trucs en interessante weetjes over chocolade in dit boek.

Voor mij is met *Chocoladebijbel* de wens uitgekomen dat iedereen zelf met chocolade aan de slag kan gaan, van *bean to bar*. Ben je net zo gepassioneerd geraakt als ik en wil je aan de slag gaan met dit prachtige product, dan moet je wel een chocolademachine aanschaffen, maar als je die eenmaal hebt dan blijkt de investering een groot genot. Verder heb je om te beginnen cacaobonen en cacaonibs nodig, en daarvan is er op het internet een enorme variëteit te koop. En ben je eenmaal bezig, dan kan het gezegde 'ik kan er geen chocolade van maken' al snel de prullenmand in.

Kees

HOE GEBRUIK IK DIT BOEK

In *Chocoladebijbel* laat ik zien hoe je van chocolade de meest verrukkelijke gerechten maakt. Ik vertel je hoe je de perfecte chocoladetaart creëert, geef je het recept voor de lekkerste chocolademilkshake en leg je uit hoe je thuis je eigen chocoladepasta maakt.

Het eerste gedeelte van het boek bestaat uit achtergrondinformatie en leuke weetjes over chocolade. Om te beginnen vertel ik je meer over de **De geschiedenis van chocolade**, want waar ligt de oorsprong van chocolade en hoe vond het een weg naar alle delen van de wereld? In het hoofdstuk **Basisinformatie** laat ik je vervolgens zien hoe het proces van cacaoboon naar chocolade eruitziet. Ook kun je hier meer lezen over fairtrade-chocolade en over de gezonde eigenschappen van chocolade.

We kennen natuurlijk allemaal de melk-, pure en witte chocolade, maar er zijn nog meer **Soorten chocolade**. Ik zet ze voor je op een rijtje en leg de verschillen uit. Als je zelf met de recepten aan de slag gaat, zul je merken dat er een aantal **Ingrediënten** is dat vaak terugkomt. Over de meest gebruikte producten geef ik je wat meer informatie en bovendien heb ik ze in een overzichtelijk lijstje gezet, zodat je weet wat handig is om in huis te hebben. Ook van het **Keukengerei** dat je vaak zult gebruiken, heb ik een overzicht gemaakt.

In het hoofdstuk **How-to's** toon ik stap voor stap de belangrijkste technieken bij het werken met chocolade. In de recepten kom je regelmatig verwijzingen naar deze how-to's tegen. Als je bijvoorbeeld mooie chocoladekrullen wilt maken, pak dan ook die how-to erbij. Als je de aanwijzingen en tips nauwkeurig opvolgt, kan het eigenlijk niet mislukken!

Sommige recepten die veel in andere recepten worden gebruikt, zoals chocoladeglazuur, vind je bij het hoofdstuk **Basisrecepten**. Daarna volgen meer dan 150 chocoladerecepten, verdeeld over 10 hoofdstukken.

Het eerste hoofdstuk is **Tabletten en repen**, waar je recepten vindt voor klassieke chocoladetabletten als puur en hazelnoot, maar je leert ook hoe je repen maakt met kruiden en fruit, en zelfs hoe je knetterchocolade kunt maken.

In de hoofdstukken **Taarten** en **Cakes en cakejes** vind je allerlei recepten om de lekkerste creaties op tafel te zetten: van een klassieke chocoladetaart of arretjescake tot een chocoladecanelé of sticky toffee chocolate pudding cake. Altijd al willen weten hoe je zelf een oreo-koekje of een Mars maakt? In de hoofdstukken **Koekjes** en **Candybars** vind je die recepten – en nog veel meer.

Chocolade kun je niet alleen eten, er zijn ook allerlei lekkere **Dranken** die je van chocolade kunt maken. Ik vertel je hoe je de beste chocolademilkshake maakt en hoe je chocolade kunt verwerken in cocktails en smoothies. Smeer je chocolade liever op je brood? In het hoofdstuk **Pasta's** vind je gevarieerde recepten voor de lekkerste chocoladepasta's.

In **Bonbons, truffels, dragees en flikken** leg ik je uit hoe je kleinere chocolaatjes maakt, van bonbons met karamel-zeezout en pindarotsjes tot slagroomtruffels en paaseitjes. Ook vertel ik je hoe je **Desserts en ijs** met chocolade maakt, zoals chocolademousse of een spectaculaire, smeltende chocoladebol. Dan volgen **Gerechten met chocolade**, waarin ik laat zien hoe je chocolade kunt verwerken in tosti's en salades, maar ook in baba ganoush en chutney.

Achter in het boek vind je de **Receptenindex** en het **Ingrediëntenregister**. Als je zin hebt in een specifiek ingrediënt, bijvoorbeeld witte chocolade, kun je in het register opzoeken op welke bladzijden dat ingrediënt voorkomt. En als afsluiter nog een pagina met handige **Adressen & links**.

Handige tips en weetjes

Het is belangrijk om ervoor te zorgen dat je chocolade koel, droog en donker bewaart (bij voorkeur op een temperatuur tussen de 14 en 18 °C); dit zal de houdbaarheid van je chocolade aanzienlijk verlengen. De koelkast is daarvoor minder geschikt. In de koelkast is het namelijk vochtig, wat niet goed is voor chocolade want de suiker in de chocolade trekt vocht aan. Een betere bewaarplek is daarom een donker keukenkastje, al blijft de beste optie natuurlijk om kleinere hoeveelheden chocolade te maken – en deze zo snel mogelijk op te eten!

Ook valt het je misschien op dat alle ingrediënten in dit boek in grammen zijn aangegeven, dus ook melk of water die over het algemeen in milliliters worden aangegeven. Dat heb ik gedaan zodat je zo nauwkeurig mogelijk te werk kunt gaan: kleine hoeveelheden zijn in grammen makkelijker precies af te wegen dan in milliliters, omdat je bij het meten in milliliters nét iets sneller uitschiet. Meet je in grammen, dan weet je bij het aflezen van het juiste gewicht dat je precies de juiste hoeveelheid hebt. Dit is dan ook de reden dat meten in grammen heel gebruikelijk is in de professionele patisserie.

DE GESCHIEDENIS VAN CHOCOLADE

De oudste verhalen over cacao komen uit Zuid-Amerika. Het noordelijke deel van het continent heeft een vochtig klimaat, waarin de cacaoboom het erg goed doet. Het eerste taalkundige bewijs komt van de Olmeken, 3000 jaar geleden, bij wie het woord 'cacao' al in hun taal voorkwam. En het eerste archeologische bewijs werd gevonden aan de kust van Zuid-Mexico, waar 1900 jaar voor Christus de Mokaya woonden. Zij maakten een drank van cacao, water, maismeel en chilipepers.

Maar er is meer bekend over hoe cacao werd gebruikt bij de Maya's, van wie tekeningen en geschriften bewaard zijn gebleven. In deze teksten noemen zij de cacaobonen 'voedsel van de goden'. Het is dan ook niet gek dat de drank die zij van cacaobonen maakten, gebruikt werd bij heilige rituelen. Op de tekeningen die zijn gevonden, is te zien hoe ze de drank in kommen schonken, waardoor er een schuimlaag op de cacaodrank kwam. De Maya's, die op het schiereiland Yucatán in Midden-Amerika woonden, verbouwden cacaobonen en verkochten deze weer door aan de Azteken. De Azteken noemden hun cacaodrank *xocolatl* en ook bij hen werd deze drank gebruikt bij religieuze ceremonies.

Traditionele bereiding

Bij de Maya's en de Azteken werd de cacaoboon alleen nog maar verwerkt tot drank. De cacaobonen werden geroosterd en gemalen, en er werden geurige bloemen aan toegevoegd, maar ook chilipeper, honing en vanille. Daarna werd het cacaomengsel uitgespreid over een plat oppervlakte, zodat het kon drogen. En met het drogen ontstonden er een soort chocoladekoeken, die werden opgelost in bijvoorbeeld maispap. En er was altijd cacao voorradig om cacaodrank van te maken.

Ook de Europeanen voegden, toen ze eenmaal de cacaodrank begonnen te waarderen, allerlei extra ingrediënten toe. Suiker, noten, vanille, oranjebloesemwater, kaneel, kruidnagels en anijs waren populaire toevoegingen.

Opkomst en verspreiding in Europa

Hoewel Columbus al in 1498 als eerste Europeaan in Zuid-Amerika aankwam, duurde het nog zeker dertig jaar voordat chocolade en de dranken die daarvan werden gemaakt mee werden genomen naar Europa. De Spaanse bezetters vonden de chocoladedrank in eerste instantie namelijk niet echt lekker – veel te bitter. De Europeanen stripten de Zuid-Amerikaanse cacaopasta van de meeste toegevoegde smaakstoffen en voegden er de meegebrachte rietsuiker aan toe. Toen de chocoladedrank in Europa eenmaal voet aan wal kreeg, was het nog bijzonder exclusief. In eerste instantie werd de drank verkocht door limonadeverkopers in Parijs. Het waren waarschijnlijk de Engelsen die melk aan de drank toevoegden, waarna het ook in duurdere cafés werd geschonken. Het duurde nog enkele eeuwen voordat chocolade ook echt werd gegeten in Europa.

Toen in de achttiende eeuw eetbare chocolade in Europa op de markt kwam, was dit nog niet in de vorm die we nu kennen. De chocolade van toen leek meer op een koekje en was kruimelig, vet en verstevigd door suiker. De Nederlander C.J. van Houten vond in 1828 een pers uit waarmee cacaoboter uit cacaomassa geperst kon worden. Het cacaopoeder dat uit de pers kwam, vormde eerst nog de basis van een chocoladedrank. Daarna werd ontdekt dat er extra cacaoboter aan het gemalen cacaopoeder en de suiker toegevoegd kon worden. Dit was het begin van de moderne chocolade. De eerste eetbare chocolade werd door het Britse bedrijf Fry and Sons op de markt gebracht, en sindsdien is het niet meer weg te denken.

In 1876 vond de Zwitserse Daniel Peter de melkchocolade uit: hij gebruikte daarvoor de melkpoeder van Nestlé. En in 1878 kwam zijn landgenoot Rodolphe Lindt met de concheertechniek. Dankzij deze techniek werd chocolade steeds verfijnder. Al deze uitvindingen hadden tot gevolg dat er steeds meer mensen van chocolade konden genieten.

Een aantal landen heeft sindsdien een eigen chocoladetraditie ontwikkeld. Zwitsers bijvoorbeeld, de innovators op het gebied van chocolade, zijn een van de grootste consumenten van chocolade. Ze schijnen gemiddeld per jaar 11,4 kilogram chocolade per persoon te eten, in Nederlands is dat maar 6,2 per persoon. Misschien komt het doordat de Zwitsers experts zijn in het maken van fluweelzachte, fijne chocolade. Of doordat zij de uitvinders zijn van de Toblerone-reep, die beroemde reep gemaakt van chocolade, noga en amandelen. Onze buren in België zijn bekend door hun ballotins, met chocolade omhulde pralines, die in 1912 door Jean Neuhaus werden bedacht. Hij ontwikkelde namelijk een chocolade die vloeibare vullingen kon bevatten.

Met de uitvinding van de pure en melkvarianten kwam de ontwikkeling van chocolade niet tot stilstand. Rond 1930 werd ook de witte chocolade uitgevonden. Omdat witte chocolade eigenlijk geen chocolade is, maar cacaoboter met suiker, melk(poeder) en smaakstoffen, mag het wettelijk geen chocolade heten, maar het heeft genoeg fans. Nestlé was de eerste die een witte chocoladereep op de markt bracht. In de meeste landen staat deze reep bekend als de Milkybar.

Vanaf die tijd bleef het lang stil op het gebied van nieuwe soorten chocolade. Maar nu is er dan ook de ruby chocolade, in 2017 aangekondigd door de chocolade-producent Barry Callenbaut. Het is een romige, rozekleurige chocolade die nog het meest aan witte chocolade met een bosvruchtensmaak doet denken. Toch is er geen fruit toegevoegd aan deze chocolade: de smaak komt puur van de soort cacaobonen die is gebruikt. Het is een chocoladevariant die nog in de kinderschoenen staat, maar ongetwijfeld veel liefhebbers zal opleveren. Meer informatie over de ruby chocolade vind je op blz. 17 en 18.

Amsterdam als doorvoermarkt

Nederland is zeker niet de kleinste op het gebied van chocolade. Naast dat de Nederlander C.J. van Houten veel heeft betekend voor de ontwikkeling van eetbare chocolade, is in de Zaanstreek de grootste cacao-industrie ter wereld te vinden. Deze belangrijke positie van de Zaanstreek – en Amsterdam – ontstond in de 19e eeuw. Sindsdien is Amsterdam uitgegroeid tot de grootste overslaghaven van cacaobonen. Per jaar komt er ongeveer 750.000 ton cacaobonen het land in. Eenderde van die cacaobonen wordt gelijk doorgevoerd en tweederde van de bonen wordt verwerkt tot cacaoboter en cacaopoeder. Een groot deel van de cacaoboter en de ongezoete cacaopoeder wordt ook weer geëxporteerd naar andere landen. De jaarlijkse wereldwijde omzet van de cacao-industrie is 8 miljard. Nederland is verantwoordelijk voor 2,5 miljard omzet van dit totaalbedrag. Deze positie van Amsterdam is erg gunstig voor beginnende, experimentele chocolatiers, waarvan er steeds meer lijken te komen.

Trends in chocoladeland

Je ziet het de laatste jaren steeds vaker: bijzondere soorten en smaken chocolade. Niet alleen bij de chocolatier of als dessert in het sterrenrestaurant, maar ook gewoon in de supermarkt. Er wordt geëxperimenteerd met kruiden, noten en fruit, maar ook met pepertjes en zeewier. Soms worden er wel heel aparte ingrediënten toegevoegd. Zo zijn er enkele chocolatiers die pralines verkopen waarin insecten verwerkt zijn. Vooral meelwormen en sprinkhanen worden vaak in chocolade gedoopt. Het zal nog wel even duren voor deze chocolaatjes in de supermarkt te koop zijn.

Als er in één land veel gevarieerd wordt in smaken, dan is het wel in Japan. Vooral de KitKat is er erg populair. Misschien komt het omdat de naam klinkt als 'kittu katsu', wat zoiets als 'zekere overwinning' betekent. Dat maakt de KitKats erg geliefd bij mensen die wat extra aanmoediging voor een toets of een sollicitatiegesprek kunnen gebruiken. Hoe dan ook, er zijn daar in de supermarkt niet alleen KitKats van melk- en witte chocolade te vinden, ze gaan daar graag een stapje verder; er zijn smaken als matcha, aardbeien, wasabi en paarse zoete aardappel. In Japan mocht dan ook voor het eerst de KitKat van ruby chocolade geproefd worden, voordat de rest van de wereld aan de beurt was.

BASISINFORMATIE

Waar komt cacao vandaan?

Cacaobonen komen van de cacaoboom. Deze bomen hebben een vochtig en warm klimaat nodig om te kunnen groeien, daarom zul je de cacaoboom veel zien in gebieden rond de evenaar. Ook kan de boom niet goed tegen blootstelling aan veel wind en zon en zijn ze erg gevoelig voor verschillende soorten ziektes. Het is dan ook niet gek dat de cacaoboon als kostbaar wordt gezien.

Cacaobomen worden ongeveer even groot als een appelboom en de bladeren worden ongeveer 30 centimeter lang. De peulen, waaruit uiteindelijk de cacaobonen geoogst worden, groeien direct aan de takken en aan de stam van de cacaoboom. Die peulen ontstaan doordat de bloesem van de boom wordt bestoven door muggen. De peulen verkleuren eerst van felrood naar groen, dan naar paars en vervolgens worden ze geel. Na ongeveer vijf maanden is de cacaopeul volgroeid en rijp.

Cacaobomen groeien onder andere in Ecuador, Guatemala, Indonesië, Ghana, Ivoorkust en Madagaskar, hoewel het merendeel van de cacaobonen tegenwoordig uit West-Afrika geïmporteerd wordt. Omdat de cacaoboom op verschillende continenten en in veel verschillende landen en gebieden groeit, zijn er ook veel verschillende soorten cacaobomen. De cacaobonen van al deze bomen worden in drie soorten opgedeeld.

De eerste soort heet de *forastero*. Dit is de meest voorkomende soort en beslaat 80 procent van de wereldproductie van cacaobonen. Deze boon is populair omdat de bomen hiervan minder gevoelig zijn voor ziektes. Kenmerkend aan deze cacaoboon is de bittere smaak en het zurige aroma. De forasteroboon is paars van kleur, en wordt met name gebruikt om de chocolade een volle smaak te geven.

De tweede soort wordt *criollo* genoemd. Deze boon is zachter dan de forastero en heeft een licht bittere smaak. Deze boon beslaat nauwelijks 1 procent van de wereldproductie van cacaobonen. Dit komt doordat de criolloboon (net als de cacaoboom) erg gevoelig is voor ziektes en weersomstandigheden. De boon wordt alleen gebruikt voor de beste soorten chocolade en wordt ook wel de prins onder de cacaobonen genoemd.

De derde soort is de *trinitario* en is een kruising van de forastero en de criollo. Deze boon is fijn van smaak. Zo'n 19 procent van de geproduceerde cacaobonen in de wereld is de trinitario. Omdat deze boon voortkomt uit forastero- en criollobonen heeft hij niet één bepaalde kleur.

Geen enkele soort cacaoboon is hetzelfde. Zoals je hebt gelezen zijn sommige soorten bitter en zijn er bonen die voller van smaak zijn. Natuurlijk is er niet alleen keuze uit deze drie soorten, want elke soort heeft weer vele sub-soorten. Chocolatiers doen er dan ook vaak erg lang over om de juiste combinatie van cacaobonen te vinden die voor hen het beste werkt. Het is een kwestie van eindeloos experimenteren, ruiken en proeven.

De oogst

In sommige delen van de wereld, West-Afrika bijvoorbeeld, wordt de cacaoboon het meest tussen september en februari geoogst. In andere delen van de wereld wordt er soms het hele jaar door geoogst. Het oogsten is handwerk en wordt gedaan met een machete. De boer moet ervoor zorgen dat het 'kussentje' waarop de cacaopeul groeit niet beschadigd raakt, zodat er weer nieuwe cacaopeulen aan de kussentjes kunnen groeien.

Na het oogsten wordt de peul opengesneden en worden de cacaobonen uit de peul gehaald. De manier waarop de bonen in de peul groeien, lijkt nog het meest op die van een maiskolf; er zitten wel twintig tot zestig cacaobonen in één peul. De bonen zijn omhuld met een soort pulp of gel, die ook wel *baba* genoemd wordt, en die te vergelijken is met de gel die onder andere in de bladeren van de aloë vera te vinden is. *Baba* schijnt heel lekker te smaken, maar omdat het goedje essentieel is voor het fermenteren van de cacaobonen is het nergens 'los' te verkrijgen.

Van cacaoboon tot cacao

Na het opensplijten van de peulen moeten de cacaobonen fermenteren. Dit gebeurt in bananenbladeren, waar de cacaobonen met pulp en al op worden gelegd. De bladeren worden om de bonen heen gevouwen en op deze manier fermenteren de bonen in twee tot acht dagen. Eigenlijk zijn het ook niet de bonen die fermenteren, maar is het de pulp. Tijdens het fermentatieproces veranderen de bonen van kleur – van paars naar chocoladebruin – en ontstaat er een cacaogeur.

Het fermenteren van cacaobonen is niet eenvoudig, en als het niet of niet goed gebeurt, kunnen de cacaobonen gaan schimmelen. Na het fermentatieproces worden de bonen gedroogd. Dit gebeurt op bamboematten of houten droogvloeren, en bij voorkeur onder de tropische zon. Het drogen zorgt ervoor dat de cacaobonen minder snel bederven en het heeft uiteindelijk ook weer een positieve invloed op de smaak van de cacao.

Vervolgens worden de bonen naar fabrieken gebracht waar ze verder worden verwerkt. Dat verwerkingsproces begint met het branden van de cacaobonen. Dit wordt niet alleen gedaan om de smaak naar boven te laten komen, maar ook omdat een rauwe cacaoboon salmonellabacteriën kan bevatten. Het branden van de hele bonen met schil duurt ongeveer 1 uur.

Vervolgens worden de cacaobonen gekraakt. De schil en de kern (de nib) worden van elkaar gescheiden. De volgende stap in het proces is het walsen van de nibs. Een nib bestaat voor ongeveer 55 procent uit cacaoboter, die vrijkomt door het walsen. De cacaoboter zorgt ervoor dat de massa vloeibaar wordt. Er ontstaat in dit proces dus al een vloeibare cacaopasta, die ook wel cacaomassa wordt genoemd. Het lijkt al op vloeibare chocolade, maar is nog wel wat korrelig. Hoe langer de massa gewalst wordt, hoe fijner de korrel zal worden.

De cacaomassa wordt in een pers (uitgevonden door Casparius van Houten) gescheiden van de vaste deeltjes. Deze deeltjes kunnen fijngemalen worden tot cacaopoeder, en de cacaoboter kan verwerkt worden in verschillende soorten chocolade.

Van cacao tot chocolade

Afhankelijk van de soort chocolade worden er ingrediënten toegevoegd aan de cacaomassa. Voor pure chocolade wordt er altijd suiker toegevoegd en soms vanille en lecithine en voor melkchocolade tevens melkbestanddelen, zoals melkpoeder. Aan alle kwalitatief goede soorten chocolade wordt ook extra zuivere cacaoboter en vanille toegevoegd. Goedkopere soorten chocolade zullen wat plantaardige olie, zoals raapzaad- of palmolie, en smaakstoffen in plaats van vanille bevatten. Het mengsel wordt nu goed gemengd. Deze techniek heet concheren.

Concheren heeft twee functies. Ten eerste moet de cacaoboter goed over alle deeltjes in de cacaomassa verdeeld worden; zo wordt het een egale massa. En ten tweede komt er door concheren meer balans in de smaak van de chocolade. De chocolade wordt milder van smaak, ongewenste smaken verdwijnen en de zuurgraad daalt. De laatste stap in het proces van concheren is het toevoegen van een emulgator, die ervoor zorgt dat de chocolade romig uitvloeit. Dit is lecithine. Meestal bestaat minder dan 0,5 procent van het gewicht van chocolade uit lecithine.

Na het concheren moet de chocolademassa afkoelen. Dit is een heel proces, want eerst moet de chocolade afkoelen om daarna weer te worden opgewarmd. Dit zal de chocolatier uiteindelijk moeten blijven herhalen wanneer hij of zij met de chocolade gaat werken. Het afkoelen en weer opwarmen zorgt er namelijk voor dat de chocolade de juiste kristallen blijft bevatten. En juist deze kristallen maken chocolade knapperig en glanzend, en zorgen ervoor dat de chocolade smelt in de mond.

Nu kan de chocolade in vormen worden gegoten en daarin uitharden. Vaak maken fabrikanten, die de cacaobonen tot op dit punt verwerkt hebben, halffabricaten. Deze halffabricaten kunnen nog niet worden verkocht in de winkel, maar gaan naar chocolatiers, patissiers, chefs en andere afnemers. Zij verwerken de halffabricaten vervolgens tot een eindproduct, zoals chocoladerepen, pralines, taarten, desserts, enzovoort.

De laatste stap in het proces is het inpakken. Door de jaren heen zijn de mooiste verpakkingen bedacht, van kunstzinnige wikkels (soms zelfs met een extra gouden wikkel erin) tot mooie bonbondozen. Maar ook dát was een proces van jaren geweest. In eerste instantie werden pralines vaak meegegeven in puntzakjes. De vrouw van Jean Neuhaus, tegenwoordig de hofleverancier van pralines in België, bedacht het ballotindoosje, zodat alle prachtige pralines van haar man niet meer in het puntzakje kapot zouden gaan. Je kent het doosje misschien wel van de chocolatier, ze worden nog vaak gebruikt.

De smaak van chocolade

Met de drie soorten cacaobonen en de herkomst wordt veel gevarieerd. Vaak worden de bonen gemengd tot de chocolatier een smaakcombinatie heeft gevonden die hij of zij lekker vindt. Door zelf chocolade te gaan proeven, kun je erachter komen wat voor een soort chocolade en wat voor een soort cacaobonen je lekker vindt. Hiervoor heb je een aantal verschillende soorten chocolade nodig die allemaal ongeveer hetzelfde percentage cacao bevatten. Verder heb je wat water nodig, of stukjes brood, om tussendoor de smaak te neutraliseren. Net als wijn proeven!

Ruik eerst aan de chocolade, en bijt daarna een of twee stukjes af. Leg het stukje chocolade op je tong en laat het ten minste twintig seconden op je tong smelten. Beweeg het een beetje heen en weer over je tong zodat je alle smaken goed opneemt.

Er zijn veel verschillende smaken te ontdekken in chocolade. Denk aan vers fruit, gedroogd fruit, noten, aardachtige smaken, karamel, melkproducten, bloemen, kruiden. Een smaakwiel (je kunt ze vinden op het internet) kan jou helpen de smaken te identificeren. Er is geen goede of foute smaak, alleen de smaak die jij proeft. Ieder mens is tenslotte anders. Schrijf de smaken op die het eerst in je opkomen, en vergelijk ze met andere chocolades.

Fairtradechocolade

Omdat chocolade uit gebieden rond de evenaar komt, is er niet altijd goed zicht op de manier van verbouwen. Wordt het tegen een eerlijke prijs verkocht? Door wie wordt het verbouwd? Daarom is in 1994 het fairtradeprogramma voor chocolade opgezet. Het idee is simpel: cacaoboeren moeten een eerlijke prijs voor hun cacaobonen krijgen en daarom heeft de fairtradebeweging een minimumprijs voor cacao ingesteld. Voor chocolade gemaakt van fairtradecacao, hebben boeren dus een eerlijke prijs gekregen. Daarnaast krijgen zij een premie bovenop de prijs, die niet verandert wanneer de prijs op de wereldmarkt hoger komt dan de fairtradeprijs. Ondertussen vechten fairtradeprogramma's ook voor verbetering van de leef- en werksituatie van cacaoproducenten.

Toch blijven er ondanks alle goede initiatieven problemen bestaan en ontstaan bij het verbouwen van cacao en het maken van chocolade. Ten eerste is de prijs niet altijd meegestegen met de inflatie in de landen waar cacao geproduceerd wordt. Dit betekent dat er nog steeds boeren zijn die, ondanks het feit dat ze aangesloten zijn bij het fairtradeprogramma, niet kunnen leven van hun inkomen. Hier wordt momenteel hard aan gewerkt. Daarnaast zijn er nog altijd genoeg boeren niet aangesloten bij de organisaties die zich inzetten voor fairtradechocolade. Zij zullen daarom een groot deel van de tijd geen eerlijke prijs voor hun cacao krijgen.

Het zijn moeilijke problemen om op te lossen. Niet alleen is de inzet van een keurmerk nodig, zoals Rainforest Alliance, UTZ of Max Havelaar, maar ook invloed vanuit de politiek van de desbetreffende landen. Hoewel fairtradekeurmerken dus niet altijd garanderen dat boeren een goede prijs hebben gekregen, is het altijd beter om deze programma's wel te ondersteunen, omdat zij werken aan verbetering. Zo steun je niet alleen de boeren, maar ook de mensen die zich inzetten voor humane en eerlijke werk- en leefsituaties voor cacaoboeren. Ethische chocolade smaakt toch nét wat lekkerder.

Chocolade en gezondheid

Er wordt veel gespeculeerd en er gaan veel verhalen rond over de werking van chocolade op de gezondheid; maar wat nu echt waar is, is moeilijk aan te duiden. Zo is het niet bewezen dat je van chocolade puistjes krijgt, in tegenstelling tot wat er vaak wordt gezegd. Maar zeggen dat chocolade heel goed is voor de gezondheid is ook weer wat kort door de bocht. Als dit al zo is dan geldt het alleen voor pure chocolade; in melk- en in witte chocolade zitten veel suikers en vetten. Vroeger werd chocolade wel medicinaal gebruikt, maar tegenwoordig zal de dokter je niet zo snel meer een kuur van chocolade voorschrijven.

Ook is het nog niet bewezen dat de fenylthamine die in de cacaoboon zit, ook nog in de chocolade zelf zit en of je er dus baat bij hebt. Fenylthamine is een stofje dat ook door je lichaam geproduceerd wordt om prikkels door te geven. Of je dus écht positieve prikkels van chocolade krijgt, is nog niet wetenschappelijk bewezen.

Maar wat weten we dan wel? Allereerst kunnen we kijken naar de stoffen in chocolade. Zo zitten er bijvoorbeeld antioxidatieve fenolen in cacao. Deze hebben een neutraliserende en ontstekingsremmende werking. Hoe meer cacao er in chocolade zit, hoe meer antioxidatieve fenolen. De melkeiwitten in melkchocolade werken helaas het opnemen van deze antioxidanten tegen. De regel blijft dus: hoe puurder, hoe beter.

En dan natuurlijk cafeïne. Het is waar, er zit cafeïne in chocolade. Alleen is dit erg weinig; in een stukje ongezoete chocolade van 30 gram zit ongeveer maar 30 milligram cafeïne. Dit is ongeveer eenderde van de cafeïne in een kopje filterkoffie. Wanneer de chocolade gezoet is, is het aantal milligram nog minder.

Nog een aantal feiten? Chocolade bevat geen stoffen die verslavend werken. Harold McGee, een Amerikaanse auteur gespecialiseerd in voedingswetenschappen, schrijft dat psychologen hebben aangetoond dat 'aan snakken naar chocolade voldaan kan worden met imitaties, zonder enige chocolade'. Het gaat dus echt om de smaakervaring, en niet om de stofjes in chocolade. Kortom, je wordt blij van het proeven van de chocolade. Niet gek dus dat je er soms ongelooflijk veel zin in hebt.

Helaas worden dieren minder gelukkig van chocolade, voor de hond kan het eten ervan zelfs dodelijk zijn. Houd je heerlijke reep dus altijd uit de buurt van je huisdier.

SOORTEN CHOCOLADE

Wit

Chocoladeliefhebbers zullen vaak zeggen dat witte chocolade eigenlijk helemaal geen chocolade is. Witte chocolade bevat namelijk helemaal geen cacao. Er moet wel minimaal 20 procent cacaoboter in witte chocolade zitten om witte chocolade te mogen heten. Verder dankt witte chocolade zijn zachte smaak aan de toevoeging van suiker, melkpoeder en smaakstoffen. Let wel op dat je voor een kwalitatieve witte chocolade kiest, want aan goedkopere versies wordt naast cacaoboter ook vaak plantaardige olie toegevoegd, omdat cacaoboter nou eenmaal duurder is. Vaak is dit raapzaadolie of palmolie.

Net als de meeste andere soorten chocolade bevat witte chocolade lecithine. Lecithine is een emulgator, verkregen uit eidooiers of sojabonen, die ervoor zorgt dat de ingrediënten van chocolade goed met elkaar mengen. Daarnaast neemt het ook vocht op.

Melk

Chocolade mag volgens de Nederlandse wet alleen chocolade heten als er voor minstens 35 procent cacaomassa – dus cacaopoeder en cacaoboter – in zit. De meeste soorten melkchocolade vallen daarom volgens de wet niet onder het kopje chocolade. Melkchocolade bevat namelijk minstens 25 procent cacaomassa. Dus: 25 procent betekent dat er 25 procent cacaomassa – cacaopoeder én cacaoboter – in zit. Het percentage dat je op de verpakking ziet, geeft het cacaobestanddeel aan. De rest is suiker en melkpoeder. Juist die melkpoeder geeft deze chocoladesoort zijn volle, romige smaak. En vanwege de hoeveelheid suiker, kan melkchocolade niet 'gezond' worden genoemd. Omdat melkchocolade minder cacaoboter bevat dan pure chocolade, is deze soort chocolade zachter en minder knapperig dan pure chocolade.

Tegenwoordig wordt donkere melkchocolade als een aparte categorie gezien. Dit is een chocolade met een hoger cacaopercentage dan gewone melkchocolade. Donkere melkchocolade staat daardoor een treetje hoger dan melkchocolade, en een treetje lager dan pure chocolade.

Puur

Het grote verschil tussen melkchocolade en pure chocolade is dat pure chocolade geen melkbestanddelen bevat. Daarnaast moet pure chocolade voor ten minste 35 procent uit cacaomassa bestaan. (Dit is ook het punt waarop chocolade eigenlijk pas chocolade mag heten. Zoals al gezegd, zijn melkchocolade en witte chocolade daarom volgens de wet geen echte chocolade.)

Fijnproevers zullen dit percentage van 35 procent te laag vinden, écht goede (pure) chocolade begint op 60 à 70 procent. De rest van de chocolade bestaat ook in pure repen uit suiker. Hoe meer cacaobestanddelen, hoe minder suiker. En de *die-hard* chocoladefans? Die gaan voor chocolade van meer dan 90 procent cacao, of zonder suiker. Dan ervaar je echt de bittere en wrange smaak van cacao. Naast de cacaomassa – cacaopoeder en cacaoboter – zit er in de heel goede chocolades ook pure vanille. Deze bourbonvanille is afkomstig van een orchidee uit Madagaskar en is daarmee behoorlijk exclusief.

Cacaofantasie

Chocolade waar geen cacaoboter in zit, maar een ander plantaardig vet, heet cacaofantasie. Een bekend voorbeeld van cacaofantasie is de koetjesreep. Maar ook boterhamvlokken of hagelslag.

Karamelchocolade

Chocolade en karamel, een geliefde combinatie. Karamel wordt al sinds de jaren dertig van de vorige eeuw gebruikt in chocoladerepen zoals Mars en Snickers, maar ook in bonbons en in combinatie met zout is karamel populair. Vandaar ook dat chocoladefabrikanten met karamelchocolade zijn gekomen: een chocolade waar naast cacaoboter en een klein beetje cacaopoeder ook toffee, room, boter en wat zout aan toegevoegd is. Dit is ideaal voor patissiers, die deze chocolade gebruiken voor cakes en chocoladecrèmes.

Ruby chocolade

Eind 2017 bracht een van Europa's grootste chocoladeproducenten het bericht naar buiten dat ze een nieuwe soort chocolade hadden uitgevonden: de ruby chocolade. Ruby chocolade is roze van kleur, smaakt minder naar cacao, en meer naar een combinatie van bosvruchten, zoals bessen en frambozen, en witte chocolade. Een fruitige en romige chocolade dus. Toch worden er geen extra ingrediënten aan toegevoegd. Hoewel er nog geheimzinnig wordt gedaan over de bereidingswijze van ruby chocolade, wordt deze zeer waarschijnlijk gemaakt van een combinatie van cacaobonen. Sommige soorten cacaobonen zijn namelijk van zichzelf paarsroze van kleur. Het speciale bereidingsproces én de combinatie van verschillende cacaobonen zorgen voor de roze kleur en de fruitige smaak.

INGREDIËNTEN

Amandelen
Zoals veel andere noten, gaan amandelen ook erg goed samen met chocolade. Deze noot komt van de amandelboom en kan op talloze verschillende manieren gebruikt worden. In chocolade, maar ook in marsepein bijvoorbeeld.

Bloem en meel
Voor taarten, cakes, koekjes en broodjes heb je meestal bloem of meel nodig. Het verschil tussen meel en bloem? Bloem is de gezeefde vorm van meel. Tijdens het zeven van meel blijven de zemelen achter in de zeef, en zo ontstaat er bloem. Bij de recepten geef ik aan welke van de twee je nodig hebt.

Boter
Boter zorgt voor net een beetje extra volheid in smaak. Gebruik in de recepten bij voorkeur ongezouten roomboter, tenzij anders wordt aangegeven.

Cacaobonen
Er zou geen chocolade bestaan als de cacaoboon er niet was geweest; van dit onmisbare ingrediënt worden het cacaopoeder en de cacaoboter gemaakt. Welk soort chocolade je ook wilt maken, zonder de cacaoboon ben je nergens. Cacaobonen zijn de zaden van de cacaovrucht. De cacaovrucht groeit aan de cacaoboom – de *Theobrama cacao* – en wordt voornamelijk in landen rond de evenaar gekweekt. Het merendeel van de cacaobonen komt tegenwoordig uit West-Afrika, maar ook in Midden- en Zuid-Amerikaanse landen, zoals Honduras en Guatemala, wordt cacao gekweekt. Er bestaan dan ook meer dan dertig (sub-)soorten cacaobonen.

Voordat er cacaopoeder en cacaoboter van de cacaobonen gemaakt kan worden, moet de cacaoboon eerst ontdaan worden van de schil, zodat alleen de 'nib', de kern, overblijft. De nibs worden geroosterd, en vervolgens vermalen. Het resultaat hiervan is de cacaomassa, die vervolgens weer gescheiden kan worden in cacaoboter en cacaopoeder. Dit hoeft overigens niet, want de chocolatier werkt vaak met de cacaomassa. In de how-to's (zie blz. 57) wordt uitgelegd hoe je zelf cacaobonen kunt verwerken tot chocoladereep: *bean-to-bar* noemen we dat.

Cacaoboter

Een nib bestaat voor meer dan de helft uit cacaoboter. Deze kan, via een proces van malen en persen, gescheiden worden van de rest van de cacaonib. Dit kun je zelf niet doen, maar gelukkig is cacaoboter in de meeste supermarkten en natuurwinkels los te verkrijgen.

Aan de meeste chocolade wordt nog eens extra cacaoboter toegevoegd om het de juiste structuur en een goede smaak te geven. Cacaoboter bepaalt de vloeibaarheid, het knapperige, en de smeltfactor in de mond. Maar, cacaoboter is het duurste element van chocolade en wordt daarom in goedkopere soorten chocolade ook wel eens vervangen door een plantaardige olie, zoals palmolie. Professionals gebruiken vaak Mycryo, cacaoboter in poedervorm, die verkrijgbaar is in de groothandel. Dit poeder is erg geschikt om chocolade mee te tempereren. Goede merken zijn Callebaut en Valrhona.

Cacaopoeder

Cacaopoeder ontstaat na het malen en persen van de cacaonib. De cacaoboter scheidt zich dan van de cacaomassa, en wat overblijft wordt vermalen tot cacaopoeder. Hoe donkerder de chocolade, hoe meer cacaomassa erin zit. Cacao gebruik je voor zó veel meer dan alleen chocoladerepen: denk aan taarten, bonbons, ijs, drankjes en ga zo maar door. Overigens, niet alle cacaopoeder die je in de winkel ziet, is pure cacao. Vaak wordt er suiker, melkpoeder en smaakstof aan toegevoegd. Let dus op welke cacaopoeder je kiest.

Couverture

Chocolatiers en banketbakkers zullen niet snel met een gewone reep chocolade werken. Zij gebruiken couverture, waarin meer cacaoboter zit dan in de gemiddelde chocoladereep uit de supermarkt. Dit werkt gemakkelijker, en het eindresultaat is beter.

Gekonfijt fruit

Gekonfijt fruit is fruit dat in suikersiroop gekookt is. Op deze manier is het langer houdbaar. En het is mooi óp alles met chocolade en lekker ín de chocolade. Een win-winsituatie!

Glucosestroop

Glucosestroop wordt veel gebruikt in de patisserie, voornamelijk voor cakes en ganache. Het wordt gemaakt van aardappelzetmeel en/of tarwezetmeel en is niet zo zoet als suiker. Glucosestroop voorkomt dat de al aanwezige suikers kristalliseren door het verlies van vocht tegen te gaan. Gekristalliseerde suikers geven de chocolade namelijk een hardere structuur, en dat is niet altijd nodig. Glucosestroop is bij de groothandel te koop of online te bestellen.

Hazelnoten

Hazelnoten en chocolade, het is een geliefde combinatie. Chocoladeliefhebbers vinden het vaak heerlijk om stukjes hazelnoot in een chocoladereep terug te vinden, maar hazelnoot kan ook verwerkt worden tot praliné of in een taart. En we mogen natuurlijk de alom bekende hazelnoot-chocoladepasta niet vergeten.

Kokosbloesemsuiker

Voor chocolade gebruik ik graag kokosbloesemsuiker. Dit is een niet-geraffineerde suiker, en wordt daarom ook vaak gezonder genoemd. Of dat écht zo is, is nog niet bewezen. Kokosbloesemsuiker heeft wel een hogere zoetheidsgraad, waardoor je er minder van nodig hebt om de chocolade te zoeten.

Kruiden en specerijen

Kruiden en specerijen kunnen de smaak van chocolade naar een hoger niveau tillen. In de juiste combinatie met chocolade zorgen ze voor bijzondere smaaksensaties. Bovendien zijn kruiden en specerijen erg decoratief. In dit boek deel ik een aantal bijzondere combinaties van chocolade met kruiden en/of specerijen.
Zo is dragon een kruid dat veel gebruikt wordt in de Franse keuken. Het heeft langwerpige blaadjes en smaakt peperachtig en een beetje bitter. In principe gebruik je alleen de blaadjes. Rozemarijn wordt voornamelijk in de Italiaanse keuken gebruikt, maar doet het zeker ook goed in chocolade! De blaadjes zien er naaldachtig uit. Let er wel op dat je niet teveel gebruikt, want rozemarijn overheerst al snel.

Melkpoeder

Melkpoeder zorgt voor de zachte smaak van melkchocolade. Als chocolade (te) vochtig wordt, bindt het niet meer goed, vandaar dat er geen vloeibare melk wordt gebruikt. We willen natuurlijk wel een mooie reep. Om veganistische chocolade te maken, kun je melkpoeder vervangen door sojamelkpoeder. Dit wordt aangegeven bij de recepten.

Pinda's

De pinda is eigenlijk geen noot, maar een peulvrucht. Voor mij maakt dat niets uit, een lekker pindarotsje is een lekker pindarotsje!

Pink pepper

Je kent pink pepper, of roze peper, wellicht van de vierseizoenenpeper uit de supermarkt. Maar, het is geen échte peper. Eigenlijk is de *Schinus terebinthifolius* een besje, dat gedroogd wordt. Pink pepper heeft een zoetige smaak, en is een heerlijke toevoeging aan chocolade. Overigens is pink pepper familie van de cashewnoot, dus let op bij mensen met een notenallergie.

Pistachenoten
Pistachenoten doen het goed in ijs, maar het is ook zeker geen slecht idee om deze groene nootjes te combineren met chocolade.

Poedersuiker
Voor sommige recepten heb je een fijnere soort suiker nodig. Chocoladecrèmes bijvoorbeeld, worden mooier met poedersuiker. Daarnaast is poedersuiker ook erg geschikt om je chocoladetaart mee te decoreren.

Slagroom
Onder andere voor het maken van een ganache (een romige chocoladecrème voor het vullen en versieren van desserts en gebak) heb je slagroom nodig. Gebruik hiervoor room met een hoog vetpercentage – het liefst 35 tot 40 procent.

Suiker
Omdat cacao vrij bitter is, wordt er bijna altijd wel suiker aan chocolade toegevoegd. In melk- en pure chocoladerepen zitten over het algemeen gelijke delen suiker en cacaoboter. Natuurlijk is suiker verder vaak onmisbaar in chocoladecakes, -koekjes en -taarten. Soms is een grovere soort suiker nodig, terwijl in andere recepten beter een fijne suiker kan worden gebruikt. Dit wordt bij elk recept aangegeven.

Vanille
Goede chocolade bevat pure vanille. Het beste is om te werken met een vanillestokje, maar je kunt ook prima aan de slag gaan met poeder of extract.

Walnoten

Eigenlijk gaan de meeste noten wel goed samen met chocolade, maar toch wordt de walnoot minder vaak gebruikt dan de hazelnoot of de amandel. Waarom? Goede vraag…

Zout

Ik ben al vroeg begonnen met het experimenteren met zout en azijn in chocolade. Juist de combinatie van zeezout met een lekker grove korrel en chocolade – zout en zoet – is overheerlijk. En dan te bedenken dat met zeezout ook nog eindeloos geëxperimenteerd kan worden – door het zeezout bijvoorbeeld te roken, waardoor het de smaak aanneemt van het hout of de kruiden waarboven het gerookt wordt. Of denk eens aan dragonzout: zeezout vermengd met dragon en gedroogd in de oven.

KEUKENGEREI

Au bain-mariepan en au bain-froidpan

Natuurlijk kun je altijd improviseren, maar een echte au bain-mariepan is wel heel prettig. Zeker als je vaak met chocolade aan de slag gaat. Deze pan is speciaal voor dit doel gemaakt en heeft een dubbele wand, waardoor je niet hoeft te hannesen met pannen en hete schaaltjes. Je kunt deze au bain-mariepan ook gebruiken om de chocolade weer af te laten koelen door middel van een au bain-froid (zie how-to blz. 63).

Bakplaat

De meeste ovens zijn al uitgerust met een bakplaat. Het is vaak wel handig om je bakplaat even te bedekken met bakpapier, om er zo voor te zorgen dat er niets aan blijft kleven.

Bakpapier

Met bakpapier zorg je ervoor dat je baksels niet aan de bakplaat vast blijven plakken. Dat zou namelijk zonde zijn!

Beslagkom

Voor het mengen van ingrediënten kun je het beste een ruime beslagkom (van roestvrij staal) gebruiken.

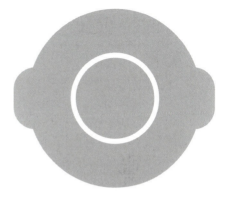

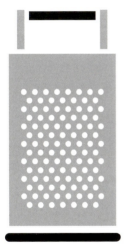

Blokrasp

Voor het raspen van chocolade gebruik je een stevige blokrasp. Blokraspen zijn er in allerlei soorten en maten. De meeste hebben vier kanten – een enkele zelfs zes – en sommige hebben ook een bakje om de rasp of het schaafsel in op te vangen.

Doorhaalvorkjes

Doorhaalvorkjes komen voor met twee of met drie tanden. Je gebruikt ze om bonbonvulling door de chocolade te halen of om bonbons te versieren. Als je er geen bij de hand hebt, kun je zelf ook een doorhaalvorkje maken door een of twee tanden te verwijderen van een oude vork.

Chocoladevormen

Vormen van polycarbonaat zijn erg geschikt voor chocolade. Ze zijn namelijk erg stevig en in veel verschillende vormen te verkrijgen. Omdat chocolade krimpt wanneer het afkoelt, is het gemakkelijk uit de vorm te krijgen. Natuurlijk kun je ook siliconenvormen gebruiken, maar met polycarbonaat zie je beter of je chocolade genoeg is afgekoeld en de hoeveelheid lucht die nog in de chocolade zit.

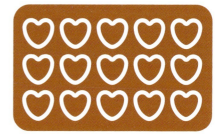

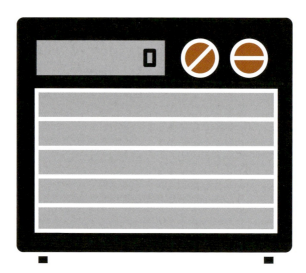

Droogmachine of -kast

Een droogkast of droogmachine droogt etenswaren zoals fruit, groente en kruiden waardoor deze langer te bewaren zijn. Een droogkast bereikt temperaturen tussen de 35 en de 70 °C en wordt dus minder warm dan een oven.

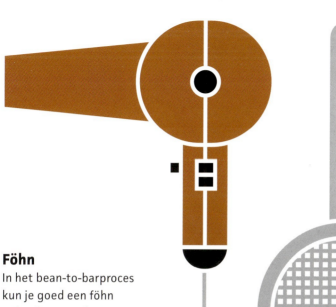

Föhn

In het bean-to-barproces kun je goed een föhn gebruiken voor het zogenaamde 'wannen'. Dit is het scheiden van de nibs en hun al gekraakte schil. Zet de föhn op de koude stand. Richt de föhn op de kom of grove zeef met gekraakte cacaobonen. Gooi de cacaobonen op en blaas met de föhn de lichte schilletjes weg. De schilletjes zijn lichter dan de nibs en zullen 'wegvliegen'. Kleine tip: het is geen slecht idee om dit buiten te doen. Je kunt een föhn ook gebruiken om een polycarbonaatvorm voor te verwarmen.

Grove of fijne zeef

Een zeef komt bij verschillende momenten in het bakproces van pas. Wanneer je de schilletjes van de cacaobonen 'want' is het handig om een grove zeef te gebruiken. Een fijne zeef kan gebruikt worden om te decoreren.

Gloeilamp

Het is even knutselen, maar na het maken van een bakje met een gloeilamp, heb je voor altijd een handig instrument om chocolade op een temperatuur van 30 °C te houden.
Gebruik een hoog houten bakje met in één zijkant een gat om een snoer doorheen te kunnen halen, een fitting voor een ouderwetse gloeilamp en een gloeilamp van 40 watt. Schroef de fitting vast aan de zijkant van het houten bakje en zorg ervoor dat de gloeilamp niet boven de rand van het bakje uitsteekt. Je kunt nu de kom waarin je chocolade smelt óp het bakje met de gloeilamp zetten, waardoor de chocolade smelt en op temperatuur blijft.

Glaceermes (boven) en paletmes (onder)

Een glaceermes heeft een langwerpig, plat lemmet. Je gebruikt het om oppervlaktes, bijvoorbeeld de bovenkant van je taart, egaal te maken of te bestrijken met een ganache of botercrème. Het uiteinde heeft een lichte kromming, zodat je vingers niet het strijksel raken. Paletmessen komen voor in allerlei soorten en maten, en zijn vaak wat breder dan glaceermessen. Je kunt ze gebruiken om chocoladeschaafsel te maken, chocolade te tempereren of om je werkblad schoon te schrapen.

Garde

Voor de kleine mengsels en het beslag dat je liever met de hand klopt of klutst, kun je een garde gebruiken.

Keukenmes
Eigenlijk is een goed keukenmes onmisbaar in elke keuken.

Injectienaald
In de meeste kookwinkels kun je grote injectienaalden kopen, die je onder andere voor het maken van decoratie kunt gebruiken.

Marmeren plaat
Marmer blijft altijd koel en is daarom erg geschikt in de patisserie en voor het werken met chocolade. Je hebt zeker een gladde marmeren ondergrond nodig wanneer je chocoladeschaafsel gaat maken of als je ervoor kiest te tempereren (dit laatste kan eventueel ook op een roestvrijstalen plaat).

Plasticfolie
Plasticfolie kun je goed gebruiken om beslag mee af te dekken of om een van je culinaire creaties langer vers te houden.

Mixer
Voor elke bakker, kok of patissier is een mixer onmisbaar. Je kunt een handmixer gebruiken, maar het is natuurlijk het fijnst als je een keukenmachine hebt. Dan kun je andere dingen doen terwijl de keukenmachine voor jou aan het werk is.

Oven
Een oven, het spreekt eigenlijk voor zich. Alle recepten in dit kookboek zijn, tenzij anders vermeld, gebaseerd op conventionele warmte. Tegenwoordig komen heteluchtovens in temperatuur overeen met conventionele ovens, maar stel je oven vooral een beetje naar beneden bij als je merkt dat het te hard gaat. Je gebruikt een oven ook voor het drogen van kruiden. Let op: dit droogproces duurt wel 8 tot 15 uur, dus controleer van tevoren of je oven zo lang aan kan staan.

Pannenlikker
Het is zonde als er iets achterblijft in je beslagkom. Met een pannenlikker kun je elk laatste beetje chocolade of beslag uit de kom halen.

Rolstok
Een rolstok gebruik je voor het uitrollen van deeg. Rolstokken hebben soms handvatten, andere zijn uit één stuk gemaakt. Kijk wat je prettig vindt om mee te werken.

Smoker voor gerookte nibs
Je gebruikt een smoker voor het roken van noten, bijvoorbeeld. Hiervoor heb je ook houtsnippers nodig. De smoker verwarm je op het fornuis, en de houtsnippers zorgen voor een verfijnde smaak.

Snijplank
Een snijplank is erg handig als je chocolade in stukken gaat hakken – of als je ingrediënten gaat snijden natuurlijk. Omdat chocolade behoorlijk stevig is, is het goed om een stevige snijplank te hebben. Bij voorkeur een snijplank van hout of kunststof.

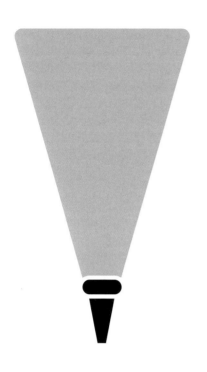

Spuitzak
Voor het decoreren van chocolade kun je een spuitzak gebruiken. Het zal misschien even oefenen zijn, maar daarna kun je prachtig decoreren – of bonbons vullen met de lekkerste combinaties.

Spuitvormen en -mondjes
Spuitvormen zijn er in verschillende soorten en maten: glad, gekarteld, rond, vierkant, enzovoort. Je kunt dus blijven variëren met decoraties.

Steelpan
Een steelpan is bijna in elke keuken wel terug te vinden. Je hebt een steelpan nodig voor het verwarmen van kleine hoeveelheden vloeistof, om bijvoorbeeld een vulling mee te maken.

Voedselthermometer

Bij sommige recepten is het belangrijk om te weten of de ingrediënten, het deeg of het beslag op de juiste temperatuur zijn. Koken en bakken is toch een (leuke) vorm van wiskunde en een voedselthermometer biedt dan uitkomst.

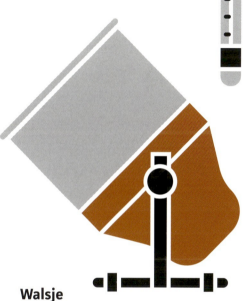

Walsje

Het walsen van cacaonibs zorgt ervoor dat de chocolademassa vrijkomt. Over het algemeen wordt chocolade op grote schaal geproduceerd en daarvoor zijn er industriële machines beschikbaar, maar je kunt ook zelf een walsje aanschaffen. Het is een investering, maar wel noodzakelijk voor het bean-to-barproces. Zoek op het internet op 'refiner'. Ik gebruik zelf een wals van Premier. Dit is een van de goedkoopste walsjes, maar doet het goed.

Weegschaal

Werken met chocolade vraagt om veel precisie en nauwkeurigheid. Een digitale weegschaal met een tarra-functie is daarom onmisbaar. Met een tarra-functie kun je de weegschaal steeds weer op 'o' zetten terwijl je meerdere ingrediënten na elkaar, zoals suiker en cacao, afweegt.

HOW-TO'S

BEAN-TO-BAR 50 WERKEN MET CHOCOLADE 60 CHOCOLADEKUNST 86

HET *BEAN-TO-BARPROCES* BEGINT BIJ HET SORTEREN VAN DE CACAOBONEN. CACAOBONEN ZIJN STEEDS MAKKELIJKER TE KRIJGEN, NEEM EENS EEN KIJKJE IN DE NATUURWINKEL OF DE SUPERMARKT. NATUURLIJK KUN JE OOK OP HET INTERNET GAAN ZOEKEN. DE CACAOBONEN MOETEN EERST GESORTEERD WORDEN, WANT VAAK ZITTEN ER NOG TAKJES EN STEENTJES TUSSEN. ALS JE DIT ZELF THUIS DOET, IS HET VAAK HANDWERK. WEL HEB JE ZO DE GARANTIE DAT ER ECHT ALLEEN GOEDE BONEN TUSSEN ZITTEN. HIERNA WORDEN DE BONEN GEROOSTERD.

HOW-TO'S
BEAN-TO-BAR

ROOSTEREN 52 WANNEN 54 WALSEN 56 CONCHEREN 59

ROOSTEREN

HET ROOSTEREN VAN DE CACAOBONEN ZORGT ERVOOR DAT HET VOCHTGEHALTE IN DE BONEN AFNEEMT EN DIT HEEFT INVLOED OP DE SMAAK VAN DE CACAO DIE JE GEBRUIKT VOOR VERDERE VERWERKING. DE TEMPERATUUR VAN DE OVEN EN HET AANTAL MINUTEN DAT JE DE BONEN ROOSTERT SPELEN OOK EEN ROL BIJ DE UITEINDELIJKE SMAAK VAN DE CHOCOLADE. DOOR HET ROOSTEREN KRIJGEN CACAOBONEN EEN DIEPBRUINE KLEUR EN GEVEN ZE EEN TYPISCHE CHOCOLADEGEUR AF.

1 Sorteer je cacaobonen. Haal takjes, steentjes en alles wat niet thuishoort in de cacaobonen eruit. Verwijder ook cacaobonen die al gebarsten of helemaal gebroken zijn, die plat zijn of aan elkaar plakken of die een schimmelige, witte uitslag hebben.

2 Verwarm de oven voor tot 163 °C. Gebruik bij voorkeur een oventhermometer om te controleren of de oven de juiste temperatuur heeft. Spreid de goede cacaobonen uit over een bakplaat en schuif de bakplaat in de oven. Zet de temperatuur meteen terug naar 140 °C. Eventueel kun je experimenteren met de temperatuur, want een lagere temperatuur, bijvoorbeeld 120 of 130 °C, geeft een frissere smaak.

3 Roer na 10 minuten door de cacaobonen, zodat ze gelijkmatig geroosterd worden. Wanneer je plofjes hoort en er een brownie-achtige geur uit de oven komt, haal je de cacaobonen uit de oven. Rooster de cacaobonen niet langer dan 30 minuten.

4 Je kunt tussendoor de cacaobonen proeven. Ontdoe de boon van het velletje en proef. Doet de smaak denken aan spiritus, rooster de bonen dan wat langer.

Mogelijk heb je in eerste instantie nog niet de beste smaak. Je kunt experimenteren met de smaak van de cacaobonen. Maak drie groepjes en rooster elk groepje gedurende een aantal minuten, proef de bonen (nadat je de schil verwijderd hebt) en ervaar welke bonen je lekkerder vindt. De bonen die langer zijn geroosterd? Of toch die het kortst zijn geroosterd?

WANNEN

WANNEN HOUDT KORT GEZEGD IN DAT HET VLIESJE VAN DE GEROOSTERDE CACAO-BONEN WORDT VERWIJDERD DOOR MIDDEL VAN LUCHT. VERVOLGENS BLIJVEN DE CACAONIBS OVER EN HIER MAAK JE DAADWERKELIJK DE CHOCOLADE VAN.

1 Ontdoe de geroosterde cacaobonen van hun velletje. Doe hiervoor de cacaobonen in een stevige plastic (ziplock) zak. Doe er een tweede zak omheen. Zorg ervoor dat alle bonen naast elkaar liggen. Maak de bonen kapot met een deegroller: rol met wat inspanning over de cacaobonen of sla ze met beleid kapot. Doe dit totdat alle schillen kapot zijn.

Cacaobonen kunnen natuurlijk ook met de hand ontveld worden. Een intensief werkje, maar het is wel de makkelijkste manier als je niets anders in huis hebt.

2 Leeg de plastic zak in een grote kom of grove zeef en controleer op nog hele cacaobonen.

3 Zet de föhn op de koude stand. Richt de föhn op de bak met gekraakte cacaobonen. Gooi de cacaobonen op en blaas tegelijk met de föhn de lichte schilletjes weg. Ga af en toe met je hand door de kom om de schillen boven te halen. Doe dit allemaal bij voorkeur buiten, want het kan een rommeltje worden. Wanneer je de meeste lichte schilletjes eruit hebt geföhnd, haal je met de hand de grotere schillen eruit. (Voor de perfectionist: dit kan niet 100 procent perfect gebeuren.)

Heb je een hond? Let dan goed op tijdens het wannen. Niet alleen chocolade, maar ook de schillen van de cacaoboon bevatten theobromine en dat is giftig voor honden. Ruim de schillen dus goed op!

WALSEN

OM CHOCOLADE TE MAKEN ZOALS JE HET VAN DE CHOCOLATIER KENT, IS HET NODIG OM DE CHOCOLADE TE WALSEN EN TE CONCHEREN. ZO VERANDER JE DE CHOCOLADE IN EEN MOOIE, GLADDE EN WERKBARE MASSA. BOVENDIEN BEÏNVLOED JE OOK DE SMAAK DOOR BIJVOORBEELD TIJDENS HET CONCHEREN MEER OF MINDER LUCHT TOE TE LATEN. HET DEKSEL OP DE WALS HOUDEN ZORGT ERVOOR DAT DE SMAAK NIET VERVLIEGT, TERWIJL JE DOOR HET DEKSEL ERAF TE HALEN, DE SMAAK MILDER KAN MAKEN.

1 Maak de nibs klaar voor het walsen en concheren. Weeg de nibs af, zodat je later weet hoeveel suiker je moet toevoegen.

2 Maal nu met het walsje de cacaonibs (70 procent) fijn. Voeg dan de suiker (30 procent) toe, en laat de wals aanstaan totdat je tevreden bent over de consistentie van de chocolade.

3 Ga door tot de nibs zijn veranderd in een grove, zanderige en glanzende pasta. Het is al mogelijk om hiermee te werken, maar wil je een écht verfijnde chocolade, dan volgt er nog een extra stap in het bean-to-barproces: het concheren.

CONCHEREN

1 De cacaopasta zit nog in de wals. Het proces van concheren duurt lang, wel 14 tot 24 uur. Het is vrij simpel om te bepalen of je tevreden bent met de chocolade: je proeft gewoon. Beoordeel je chocolade op structuur en smaak. Smaakvol genoeg? Zet de machine uit. Nu kun je de chocolade tempereren (zie how-to blz. 70-75) en er een reep van maken.

Zorg er wel voor dat de chocolade niet té fijn wordt – ja, dat is ook mogelijk. Chocolade die te lang geconcheerd is, heeft een beetje een gomachtige structuur.

HOW-TO'S
WERKEN MET CHOCOLADE

AU BAIN-MARIE **62** AU BAIN-FROID **63** GANACHE **64** PRALINEREN **67**
TEMPEREREN METHODE 1: OP STEEN **70**
TEMPEREREN METHODE 2: SMELTEN EN CHOCO TOEVOEGEN **72**
TEMPEREREN METHODE 3: MET MYCRYO **74** FOUTE KRISTALLEN OF LUCHTBELLEN **76**
VORM VULLEN **77** BLINDBAKKEN ZONDER BAKBONEN **82**

AU BAIN-MARIE

1 Zet een pan met een laagje water op het vuur en zet in de pan een (roestvrijstalen) kom. Zorg ervoor dat het water de onderkant van de schaal niet raakt en dat de rand van de kom de pan afsluit, zodat er geen stoom kan ontsnappen.

2 Breek de chocolade in gelijke kleine stukjes, zo smelt hij snel en gelijkmatig.

3 Doe de chocolade in de kom, en roer rustig door terwijl hij smelt. Wanneer hij helemaal gesmolten is, kun je ermee aan de slag.

AU BAIN-FROID

EEN 'OMGEKEERDE AU BAIN-MARIE' GEBRUIK JE OM CHOCOLADE SNEL AF TE LATEN KOELEN NAAR EEN WERKBARE TEMPERATUUR. JE KUNT DE CHOCOLADE OOK IN DE KOELKAST ZETTEN, MAAR DAN DUURT HET VEEL LANGER VOOR DE CHOCOLADE GOED IS AFGEKOELD.

1 Zet een grote kom klaar. Doe hier ijsklontjes in.

2 Zet de kom met gesmolten chocolade in de bak met ijsklontjes. Roer de chocolade rustig door, zodat deze gelijkmatig afkoelt.

3 Gebruik een voedselthermometer om te meten of de chocolade al op werkbare temperatuur (puur 32 °C, melk 31 °C en wit 29 °C) is.

GANACHE

EEN GANACHE IS EEN ROMIGE CRÈME GEMAAKT VAN SLAGROOM EN CHOCOLADE EN WORDT GEBRUIKT ALS VULLING VOOR BONBONS EN OM DESSERTS EN GEBAK MEE TE VULLEN EN MEE TE VERSIEREN.

1 Zet een steelpan met slagroom op het vuur en verhit de slagroom tot deze kookt. Blijf tussendoor roeren zodat de slagroom niet aanbrandt.

2 Hak de chocolade in kleine stukken.

3 Haal het pannetje slagroom van het vuur als de slagroom kookt.

4 Voeg de chocolade bij de hete slagroom.

5 Roer de chocolade door de slagroom met een garde. De hitte van de slagroom zal ervoor zorgen dat de chocolade smelt en het één massa wordt.

6 Gebruik de ganache gelijk. Is de ganache voor over een taart? Voeg dan ook een beetje zachte roomboter toe aan het mengsel. Dit zorgt ervoor dat de ganache glanzend blijft wanneer hij afkoelt.

PRALINEREN

1 Zorg ervoor dat je vulling stevig en op kamertemperatuur is. Zo smelt ze niet in de warme chocolade.

2 Gebruik gesmolten en getempereerde chocolade (zie how-to blz. 70-75); zet deze klaar in een pan. Zorg ervoor dat de chocolade warm blijft tijdens het pralineren. Leg een stuk plasticfolie of vetvrij papier naast de pan klaar.

3 Leg met de doorhaalvork de vulling in de gesmolten chocolade en duw deze er een klein beetje in zodat de bovenkant niet meer boven de chocolade uitsteekt, maar nog wel helemaal zichtbaar is.

4 Dip je doorhaalvorkje in de chocolade en beweeg het over de bovenkant van de vulling, zodat deze met een dun laagje chocolade bedekt wordt.

5 Steek het doorhaalvorkje onder de vulling en til de vulling uit de chocolade. Tik een paar keer met het vorkje tegen het chocoladeoppervlak, zodat het teveel aan chocolade achterblijft.

6 Strijk daarna de onderkant van het vorkje en de vulling langs de rand van de pan, zodat alle overtollige chocolade eraf glijdt.

7 Leg daarna, en dit is een precies werkje, de vulling op het plasticfolie of het vetvrije papier, zonder met het vorkje sporen van chocolade achter te laten.

TEMPEREREN METHODE 1: OP STEEN

VOOR CHOCOLADE DIE SNELLER UITHARDT, EEN GOEDE *BITE* HEEFT, FIJN BREEKT, EN STOLT ZONDER ONEFFENHEDEN EN MÉT GLANS, MOET JE CHOCOLADE TEMPEREREN. CHOCOLADE BEVAT KRISTALLEN, EN DOOR MIDDEL VAN TEMPEREREN ZORG JE ERVOOR DAT ALLEEN HET KRISTAL DAT JE NODIG HEBT VOOR MOOIE CHOCOLADE ACHTERBLIJFT. TEMPEREREN KAN OP VERSCHILLENDE MANIEREN. KORT GEZEGD KOMT HET NEER OP HET VERHITTEN EN SMELTEN VAN CHOCOLADE, HET BEHANDELEN EN HET DAN OP WERKBARE TEMPERATUUR BRENGEN.

1 Hak de chocolade in gelijke stukken. Zo smelt de chocolade sneller maar wel gelijkmatig. Smelt de chocolade au bain-marie tot een temperatuur van 49 °C. Giet tweederde van de gesmolten chocolade op de marmeren plaat. Die moet op kamertemperatuur zijn, zo'n 19 °C. Strijk de overgebleven chocolade van de randen van de kom, zodat deze zo warm mogelijk blijft.

2 Neem een breed paletmes en spreid de chocolade uit over het werkblad. Veeg de chocolade dan weer snel op een hoopje bij elkaar. Herhaal dit tot je merkt dat de chocolade dikker wordt; de chocolade kristalliseert weer.

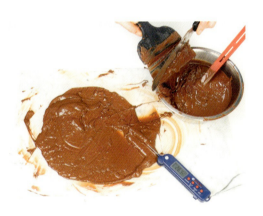

3 Als de chocolade zo dik is dat het in linten van je paletmes af glijdt en het zo afgekoeld is dat het een temperatuur van 27 °C heeft, voeg je de chocolade weer bij de achtergehouden chocolade. Meng de getempereerde en de nog warme chocolade goed. Als het goed is, heeft de chocolade nu een temperatuur van 31 °C.

4 Je kunt de chocolade nu testen. Neem een stukje vetvrij papier, smeer hier wat chocolade op en leg op je werkblad. Als de chocolade goed getempereerd is, hardt de chocolade binnen een minuut uit en zal deze er effen en licht glanzend uitzien. Nu kun je de getempereerde chocolade gebruiken.

TEMPEREREN METHODE 2: SMELTEN EN CHOCO TOEVOEGEN

1 Houd ongeveer een kwart van de stukjes chocolade achter. Smelt de rest au bain-marie, tot deze een temperatuur van 45 °C bereikt.

2 Voeg nu de kwart chocoladestukjes toe.

3 Roer de chocoladestukjes goed door, zodat ze smelten in de warme chocolade. Ga hiermee door tot de temperatuur van de chocolade tussen de 31 en 32 °C ligt. Dit is voor pure chocolade. De temperatuur voor melkchocolade moet op 31 °C liggen, en die van witte chocolade op 29 °C.

Je kunt nu de chocolade testen zoals bij methode 1: neem een stukje vetvrij papier, smeer hier wat chocolade op en leg neer op je werkblad. Als de chocolade goed getempereerd is, hardt de chocolade binnen een minuut uit en zal deze er effen en licht glanzend uitzien. Nu kun je de chocolade gebruiken.

TEMPEREREN METHODE 3: MET MYCRYO

MYCRYO IS GEKRISTALLISEERDE CACAOBOTER IN POEDERVORM. DIT ZORGT ERVOOR DAT DE JUISTE KRISTALLEN IN DE CHOCOLADE KOMEN EN DE CHOCOLADE MOOI ZAL GAAN GLANZEN, GOED BREEKT EN MAKKELIJK UIT DE VORM TE HALEN IS.

1 Weeg de chocolade af, zodat je weet hoeveel Mycryo je moet gaan toevoegen. Smelt de chocolade au bain-marie tot deze 45 °C is. Laat de chocolade dan au bain-froid afkoelen tot 31 °C.

2 Voeg 1 procent van het gewicht van de chocolade aan Mycryo toe en roer goed door de chocolade. De chocolade moet een werkbare temperatuur bereiken, bij pure chocolade is dat 32 °C, bij melkchocolade 31 °C en bij witte chocolade 29 °C.

Je kunt nu de chocolade testen zoals bij methode 1: neem een stukje vetvrij papier, smeer hier wat chocolade op en leg neer op je werkblad. Als de chocolade goed getempereerd is, hardt de chocolade binnen een minuut uit en zal deze er effen en licht glanzend uitzien. Nu kun je de chocolade gebruiken.

FOUTE KRISTALLEN OF LUCHTBELLEN

Wordt de chocolade niet goed hard wanneer je hem na het tempereren test? Of komt deze niet uit de vorm? Dan is de chocolade niet genoeg getempereerd. Voeg een beetje ongetemperereerde chocolade toe, en smelt deze in de nog warme chocolade. Test opnieuw op een stukje vetvrij papier. Als de chocolade goed getempereerd is, hardt de chocolade binnen een minuut uit en zal hij er effen en licht glanzend uitzien.

Wanneer je al wat langer met de getempereerde chocolade werkt, kan die dik worden en is dan moeilijker te bewerken, omdat de chocolade is gekristalliseerd. Dit los je op door de chocolade opnieuw te verwarmen tot deze weer op werktemperatuur is. Test daarna de chocolade opnieuw op een stukje vetvrij papier. Als de chocolade goed getempereerd is, hardt de chocolade binnen een minuut uit en zal hij er effen en licht glanzend uitzien.

Zie je luchtbellen in je chocolade na het vullen van de vorm? Tik met beleid de vorm tegen het werkblad aan tot alle luchtbellen eruit zijn. Bekijk de vorm even van onderaf om te controleren of de chocolade goed verdeeld is.

VORM VULLEN

1 Tempereer de chocolade. Zorg ervoor dat pure chocolade een temperatuur heeft van 32 °C, melkchocolade van 31 °C en witte chocolade van 29 °C. (zie how-to blz. 70-75).

2 Maak de chocoladevorm schoon, droog en vrij van vingerafdrukken. Verhit de vorm kort met een föhn tot de vorm ongeveer 2 tot 4 °C koeler is dan de chocolade. Je kunt dit testen door de vorm even tegen je wang te houden. Is de vorm gelijk in temperatuur, dan kun je de vorm vullen.

3 Vul de vorm met chocolade. Houd de vorm een beetje schuin, en zorg ervoor dat de vorm tot de rand gevuld is.

4 Strijk daarna met een paletmes alle overtollige chocolade van de vorm af.

5 Tik met het handvat van het paletmes tegen de rand van de vorm. Zo tik je alle luchtbellen uit de chocolade. Als dit niet goed genoeg werkt, kun je ook de vorm zachtjes tegen het werkblad tikken. Dit noemen we dribbelen. Controleer of de chocolade de vorm goed gevuld heeft door de onderkant te bekijken.

6 Zet de vorm dan in de koelkast en laat afkoelen totdat je ziet dat de chocolade loskomt van de vorm.

BLINDBAKKEN ZONDER BAKBONEN

1 Maak een deeg volgens de recepten in het hoofdstuk Basisrecepten. Leg het deeg op een stuk bakpapier.

2 Leg nog een stuk bakpapier over het deeg heen. Leg aan weerszijden twee latjes van 3 millimeter hoog en rol het deeg met een deegroller uit tot de gewenste dikte en maat.

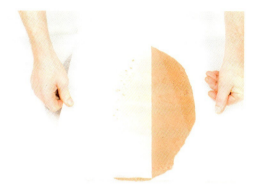

3 Verwijder het bovenste stuk bakpapier.

4 Leg een taartvorm ondersteboven op het deeg. Keer nu het geheel om, zodat de bakvorm aan de onderkant komt te liggen.

5 Verwijder ook het andere stuk bakpapier.

6 Verdeel het deeg goed over de bakvorm, ook over de rand. Druk het deeg met name op de rand van het bakblik goed aan, zodat daar gewicht zit en het deeg tijdens het bakken niet kan gaan zakken.

7 Prik met een vork gaatje in de bodem en de rand van het deeg. Plaats het bakblik met het deeg 30 minuten in de koelkast.

8 Bak de bodem ongeveer 10 tot 12 minuten in de oven. Laat even rusten en snijd met een scherp mes het overtollige deeg van de rand weg.

HOW-TO'S
CHOCOLADEKUNST

CHOCOLADENESTJES 88 HAGELSLAG 91 MARMEREN 94 CHOCOLADEBLAADJES 96
CHOCOLADE SPUITEN 98 CHOCOLADEBAKJES 101 BOL IJS SCHEPPEN 104
CHOCOLADE-'UITVLOEISEL' 106 CHOCOLADESCHAAFSEL 108 AMAZONEKRULLEN 109
KARAMEL MAKEN 110

CHOCOLADENESTJES

CHOCOLADENESTJES KUN JE ALTIJD GEBRUIKEN OM EEN TAART MEE TE DECOREREN.

INGREDIËNTEN
- 300 g witte chocolade
- 25 g kleine gekleurde suikereitjes

1 Plaats de marmeren plaat (40x30 cm) 30 minuten in de vriezer. Smelt witte chocolade naar 30 °C – je mag geen temperatuurverschil voelen met de bovenzijde van je vinger.

TIP Mocht het de eerste paar keer niet direct lukken, dan is dat geen probleem want je kunt de chocolade gewoon weer smelten en het nog een keer proberen.

2 Vul de (wegwerp)spuitzak met de chocolade en knoop de bovenkant goed dicht. Leg de spuitzak op een houten plank of op een platte schaal op de au bain-mariepan, want zorg ervoor dat de temperatuur van de chocolade in de spuitzak niet verandert.

3 Haal de marmeren plaat uit de vriezer en knip een heel klein stukje van de punt van de spuitzak. Spuit van links naar rechts snel tien tot twintig banen onder elkaar over de plaat.

4 Wacht tot de chocoladebanen iets harder geworden zijn en schuif dan met een paletmes de uiteinden naar elkaar toe.

5 Vouw de chocoladeslierten in de vorm van een nestje. Maak met meer of minder banen kleine of groot nestjes.

HAGELSLAG

1 Smelt chocolade au bain-marie.

2 Vouw een cornetje van vetvrij papier. Dit doe je door een rechthoekig stuk papier diagonaal doormidden te knippen.

3 Pak met je duim de lange, diagonale kant vast. Met je rechterhand pak je de linker bovenhoek en vouw je deze naar de linkerzijde, zodat bij je duim het puntje van het cornetje ontstaat. (Wanneer je linkshandig bent, doe je dit andersom.)

4 Pak met duim en wijsvinger van je linkerhand het ontstane puntje vast en vouw met je andere hand de rest van het papier om het puntzakje heen. Zorg ervoor dat het puntje gesloten blijft. Vouw de uitstekende punt van het zakje om.

5 Nu kun je het cornetje vullen. Daarna vouw je de bovenkant dicht.

6 Knip een klein puntje van het cornetje. Trek lange, heel dunne banen op de marmeren plaat. Zet in de koelkast totdat ze uitgehard zijn.

7 Haal de chocolade uit de koelkast en snijd of hak de banen in stukjes, zodat ze op hagelslag gaan lijken. Je kunt de chocoladeslierten ook intact laten, dan heb je chocoladespaghetti.

MARMEREN

1 Smelt de chocolade au bain-marie.

2 Vouw een cornetje (zie how-to blz. 91) en vul deze met de chocolade.

3 Zet met het cornetje chocoladepuntjes op gelijke afstand van elkaar, nog vóór de witte stipjes.

4 Pak een doorhaalstokje of een satéprikker. Zet deze eerst vóór het donkere chocoladepuntje (dus aan de buitenkant van de taart) neer, zodat je wat van de kleur van de ondergrond meeneemt, en haal door het puntje chocolade.

5 Je kunt dit in één keer doortrekken naar het volgende stipje, of je kunt stipje voor stipje het stokje door de stipjes halen.

CHOCOLADEBLAADJES

1 Smelt de chocolade au bain-marie.

2 Kwast de achterkant van stevige, en vooral niet-giftige blaadjes in met chocolade. Met stevige blaadjes komt de nerf goed uit. Zet de blaadjes in de koelkast.

3 Voor het beste effect haal je ze na 30 minuten uit de koelkast en geef je de blaadjes een tweede laagje chocolade.

4 Haal, wanneer de chocolade helemaal is afgekoeld en gehard, de chocolade heel voorzichtig van de blaadjes af.

CHOCOLADE SPUITEN

1 Neem een (wegwerp)spuitzak, knip het puntje eraf en plaats het spuitmondje dat je gaat gebruiken in de spuitzak.

2 Draai boven het spuitmondje de spuitzak een paar slagen en duw dit van bovenaf in het spuitmondje. Op deze manier loopt de vulling niet gelijk de zak uit.

3 Vouw de spuitzak tot halverwege open. Houd de spuitzak direct onder de vouw vast, zo houd je goed grip.

4 Gebruik een pannenlikker om de spuitzak te vullen. Je kunt je pannenlikker goed afvegen aan de hand waarmee je de spuitzak vasthoudt.

5 Vouw de bovenkant van de spuitzak terug omhoog en draai de spuitzak zodat er spanning op komt te staan. Trek ook de spuitzak ter hoogte van het spuitmondje weer recht.

6 Houd nu met één hand de zak bovenaan vast, en oefen hiermee druk uit. Gebruik de andere hand om de spuitzak te richten.

CHOCOLADEBAKJES

1 Knip een klein keukensponsje in vier gelijke stukken.

2 Schuif een dun en slap plastic boterhamzakje over een van je handen en keer het zakje binnenstebuiten.

3 Stop een stukje spons in het zakje en maak een knoop in het zakje net boven het stukje spons.

4 Dompel het sponsje in de getempereerde chocolade.

5 Veeg langs de rand van de kom voorzichtig de overtollige chocolade eraf.

6 Leg het sponsje met de chocolade eromheen op een met plasticfolie beklede marmeren plaat. Zet de plaat met de sponsjes in de koelkast.

7 Laat de chocolade in de koelkast hard worden, daarna kun je voorzichtig de chocoladebakjes lostrekken van de zakjes.

BOL IJS SCHEPPEN

1 Haal het ijs ongeveer een kwartier van tevoren uit de vriezer.

2 Neem een glas warm water en zet daar even je ijsschep in. Droog de lepel af, zodat er geen water bij je ijs komt.

3 Begin bij de rand van de bak ijs, zo kun je lange banen trekken.

4 Zet de ijsschep niet te diep in het ijs en trek de lepel een paar keer door het ijs heen zodat je een mooie bol krijgt.

CHOCOLADE-'UITVLOEISEL'

DEZE TECHNIEK GEBRUIK JE OM DE ONDERKANTJES VAN BONBONS TE MAKEN, OF OM MOOIE DECORATIE TE MAKEN.

1 Gebruik voor het chocolade-'uitvloeisel' getempereerde chocolade (zie how-to blz. 70-75). Vul hiermee een cornetje (zie how-to blz. 91).

2 Leg vetvrij papier op een marmeren plaat. Spuit met het cornetje stipjes chocolade op het papier.

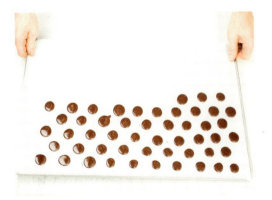

3 Pak de plaat op en tik het in een beheerste beweging een aantal keer tegen het werkblad aan, zodat de stipjes veranderen in platte, gelijkmatige rondjes. Laat de chocoladerondjes nu afkoelen.

CHOCOLADESCHAAFSEL

1 Gebruik voor het chocoladeschaafsel getempereerde chocolade (zie how-to blz. 70-75). Giet de chocolade in banen op een koude marmeren plaat.

2 Spreid met een paletmes of spatel de chocolade uit tot platte stroken van 0,5 centimeter dik. Dit koelt snel af.

3 Schraap met een paletmes oppervlakkig over de chocolade, zodat er schaafsel ontstaat. Zet het schaafsel in de koelkast om helemaal uit te harden.

AMAZONEKRULLEN

AMAZONEKRULLEN ZIJN EEN PRACHTIGE DECORATIE OP TAARTEN EN ANDERE LEKKERNIJEN. JE KUNT HIERMEE VEEL RECEPTEN UIT DIT BOEK, VAN TAARTEN TOT VERRUKKELIJKE CAKE, VOORZIEN VAN EEN HEERLIJKE CHOCOLADEDECORATIE.

1 Gebruik voor de amazonekrullen de ganache. Koel de ganache au bain-froid af tot het iets kouder is dan kamertemperatuur.

2 Schraap nu met een warme lepel over de ganache. Zo ontstaan krullen die je als decoratie kunt gebruiken.

KARAMEL MAKEN

INGREDIËNTEN

- 300 g slagroom
- 2 g zout
- 200 g suiker

1 Zet een steelpan op het vuur of een andere warmtebron. Giet de slagroom in de pan, voeg het zout erbij. Laat de slagroom op middelhoog vuur warm worden.

2 Zet ondertussen op een andere pit een wat grotere pan op middelhoog vuur en giet hier een dunne laag suiker in.

3 Laat de suiker smelten zonder te roeren. Schud de pan goed als alle suiker is opgelost en voeg dan nog een dunne laag suiker toe. Blijf net zo lang schudden tot alle suiker is opgelost, nog steeds zonder te roeren, tot er een karamel is ontstaan.

4 Giet er dan de inmiddels hete slagroom er in drie delen bij en laat het mengsel inkoken tot 112 °C.

5 Zet een kom klaar. Giet de hete karamel in de kom en laat de karamel afkoelen tot ongeveer 80 °C.

BASISRECEPTEN

DEEGRECEPTEN **114** SAUZEN EN GLAZUREN **117** WERKEN MET DE OMREKENTABEL **121**

DEEGRECEPTEN

Zetdeeg

Weeg alle ingrediënten voor het deeg goed af (zie voor de hoeveelheden de betreffende recepten).

Zorg dat de boter op kamertemperatuur is en meng de boter en de suiker in een kom tot de suiker is opgenomen.

Voeg zout, citroen en vanille toe aan de boter en de suiker. Zeef bloem, kruiden en bakpoeder boven een kom. Gebruik een hoge mengkom, zodat het mengsel tijdens het mixen ook goed in de kom blijft en niet door de keuken vliegt. Om dit helemaal te voorkomen kun je het deeg beter met de hand mengen, door steeds een grijpbeweging te maken.

Voeg de overige ingrediënten toe en meng tot een homogeen deeg. Voor het beste bakresultaat maak je het deeg een dag van tevoren, maar je kunt het ook direct gebruiken.

Zetdeeg gebruik je voor de Chocolade-ganachetaart, de Chocolade-perentaart, de Chocoladetaart met walnoot-karamel en de Chocoladetaart met frambozen.

Maar ook voor de Chocolate chip cookies, de Zandkoekjes, de Chocoladekoekjes met gember, de Cantuccini en de Florentines.

Roerdeeg

Weeg alle ingrediënten voor het deeg goed af (zie voor de hoeveelheden de betreffende recepten). Los het zout op in het vocht.

Zorg ervoor dat de boter op kamertemperatuur is en meng de boter en de suiker in een kom tot de suiker is opgenomen. Zet de machine op de laagste stand, klop niet te hard en te lang want er mag niet te veel lucht in komen. Voeg de eieren toe en mix tot er een zalvig mengsel is ontstaan en voeg vervolgens citroen en vanille (en eventueel noten) toe. Voeg tot slot bloem en cacaopoeder toe aan het mengsel.

Klop het deeg niet op de hoogste stand van de mixer, anders komt er te veel lucht in het deeg en dat is niet de bedoeling.

Roerdeeg gebruik je voor de Chocolade-cheesecake, de Brownies en de Blondies.

Kookdeeg

Weeg alle ingrediënten voor het deeg goed af (zie voor de hoeveelheden de betreffende recepten).

Breng in een pan water, boter, eieren, basterdsuiker tot aan het kookpunt. Voeg de amandelen toe aan de pan en haal van het vuur.

Zeef bloem, kruiden, cacaopoeder en bakpoeder in een hoge kom.

Giet de inhoud van de pan op de bloem en meng dit geleidelijk tot een samenhangend geheel.

Stort de inhoud van de kom op een vel bakpapier en leg daar een ander vel bakpapier bovenop. Rol het deeg uit tot ongeveer 3 centimeter dikte. Laat het deeg 24 uur in de koelkast rusten.

Kookdeeg gebruik je voor de Pain d'amande.

SAUZEN EN GLAZUREN

WAAR IK OOK OP VAKANTIE BEN, HET EERSTE WAT IK DOE IS DE LOKALE SUPERMARKT BEZOEKEN EN KIJKEN WAARUIT HET ASSORTIMENT CHOCOLADEREPEN BESTAAT. IK MAAK EEN KEUZE OP GEVOEL EN KENNIS EN BEGIN AL ONDERWEG NAAR ONS ONDERKOMEN TE TESTEN. UITEINDELIJK BELANDT DE BESTE CHOCOLADE KORT DAARNA IN EEN SAUS, DIE JE EIGENLIJK BIJ BIJNA ALLE DESSERTS KUNT GEBRUIKEN. DE KWALITEIT VAN DE CHOCOLADE IS HEEL BEPALEND VOOR DE SMAAK VAN DEZE SAUS. GOED VOORWERK DOEN DUS! EN DAT GELDT EIGENLIJK VOOR ALLE SAUZEN EN GLAZUREN IN DIT HOOFDSTUK.

Chocoladesaus

- 120 g volle melk
- 100 g chocolade 70%, gehakt
- of 150 g melkchocolade, gehakt
- of 170 g witte chocolade, gehakt

1 Verhit de melk in de steelpan tot hij kookt.

2 Doe de gewenste chocolade erbij en roer glad. Giet de chocoladesaus in een schenkkannetje.

3 Voor de pure chocoladesaus kan het lekker zijn er 1 eetlepel honing doorheen te roeren; de honing kan ook altijd achteraf naar smaak nog worden toegevoegd.

4 Uiteindelijk bepaalt de kwaliteit van de chocolade de smaak van de saus.

Chocolade-karamelsaus

DEZE SAUS IS HEERLIJK OM TE GEBRUIKEN BIJ VEEL GERECHTEN OF GEWOON MET EEN BOLLETJE IJS ERBIJ, MAAR IK MOET EERLIJK TOEGEVEN DAT HIJ BIJ MIJ NA TIEN MINUTEN AL OP IS... GEWOON DE PAN LEEGGELEPELD. DE OPLOSSING: IK MAAK TWEE PORTIES.

- 320 g slagroom
- 20 g glucosestroop of honing
- 1 g zout
- 160 g suiker
- 50 g boter, op kamertemperatuur en in blokjes
- 145 g melkchocolade, gehakt

1 Verhit de slagroom, glucosestroop en het zout in de steelpan tot het tegen de kook aan is. Zet een andere steelpan op middelhoog vuur en doe er 2 eetlepels suiker in en laat het smelten tot karamel – het beste is om in het begin te schudden in plaats van te roeren. Doe er steeds een lepel suiker bij en laat deze oplossen in de karamel. Schud de pan tot de laatste lepel suiker in de karamel is opgelost.

2 Giet dan een scheutje hete slagroom op de transparante bruine karamel en zet het vuur laag. Roer heel voorzichtig in de pan. Giet dan weer een beetje slagroom erbij; het zal in het begin flink bruisen in de pan want de karamel is erg heet.

3 Blijf de slagroom toevoegen tot deze op is. Voeg dan de boter en de chocolade toe. Pas op met proeven tussendoor, want het mengsel is heel erg heet.

TIP Deze saus kun je op smaak brengen met specerijen, kruiden, gember of bijvoorbeeld mangosap.

Witte chocoladeglazuur

- 4 g gelatinepoeder
- 180 g slagroom
- 30 g glucosestroop
- 260 g witte chocolade, fijngehakt
- 25 g zonnebloemolie

1 Meng de gelatine met 20 gram water in een kom.

2 Meng in de steelpan 40 gram water met de slagroom en de glucosestroop en breng aan de kook.

3 Snijd de gelatine in de kom in stukken en voeg met de chocolade toe aan de steelpan. Haal de pan van het vuur.

4 Giet de olie erbij, zet de staafmixer in de pan en mix tot een mooie homogene glazuur.

TIPS Om het glazuur een kleur te geven moet het eerst wit gemaakt worden met titaniumpoeder om vervolgens de kleurstof toe te voegen.

De ideale temperatuur om te glaceren op een bevroren product is ongeveer 40 °C.

Chocolade-hazelnootglazuur

- 80 g hazelnoten, geroosterd en vliesjes verwijderd
- 175 g slagroom
- 30 g glucosestroop
- 100 g chocolade 70%, gehakt
- 25 g zonnebloemolie
- 70 g suiker

1 Vermaal de hazelnoten tot een pasta in de keukenmachine.

2 Breng in de steelpan 40 gram water met de slagroom en de glucosestroop aan de kook.

3 Neem de pan van het vuur en voeg de chocolade, hazelnootpasta en de olie toe en mix tot een gladde glazuur met de staafmixer; mix niet te lang zodat er geen luchtbellen ontstaan.

Klassieke chocoladeganache

- 300 g slagroom
- 70 g honing
- 160 g chocolade 70%, gehakt
- 70 g boter, in blokjes op kamertemperatuur

1 Breng in een steelpan de slagroom en de honing aan de kook. Roer goed door.

2 Neem de pan van het vuur, voeg de chocolade toe en roer tot een gladde ganache.

3 Voeg de boter toe als de ganache tussen de 30 en 35 °C is en mix met de staafmixer tot een homogeen mengsel.

TIP Deze ganache kun je au bain-marie opwarmen om nog een keer te gebruiken voor een ander recept.

Balsamico-chocoladesaus

- 30 g chocolade 70%, fijngehakt
- 100 g balsamicoazijn
- 100 g basterdsuiker
- mespunt chilipoeder

1 Doe de chocolade in een kommetje.

2 Giet de azijn, suiker en chili in een pan en breng aan de kook; laat 5 minuten op een laag vuur koken.

3 Haal de pan van het vuur en giet het mengsel op de chocolade. Roer tot alles is gesmolten en er een gladde saus is ontstaan. Laat goed afkoelen voor gebruik.

TIP Besprenkel koude aardbeien met de saus of dip ze erin. De beste aardbeien zijn lambada's; ze zijn wel wat duurder, maar onweerstaanbaar lekker.

WERKEN MET DE OMREKENTABEL

Als je de benodigde maat bakvorm voor een recept niet hebt, of het baksel liever groter of kleiner maakt, kun je met de omrekentabel uitrekenen wat de nieuwe hoeveelheden van de ingrediënten worden.

BAKVORM VERMELD IN HET RECEPT \ JOUW BAKVORM	Ø15	Ø20	Ø22	Ø24	Ø26	Ø28	Ø30	20x20	23x23	25x25	25x35	30x38*	30x57*
Ø15		1,78	2,15	2,56	3,00	3,48	4,00	2,26	2,99	3,54	4,95	6,45	9,68
Ø20	0,56		1,21	1,44	1,69	1,96	2,25	1,27	1,68	1,99	2,79	3,63	5,44
Ø22	0,46	0,83		1,19	1,40	1,62	1,86	1,05	1,39	1,64	2,30	3,00	4,50
Ø24	0,39	0,69	0,84		1,17	1,36	1,56	0,88	1,17	1,38	1,93	2,52	3,78
Ø26	0,33	0,59	0,72	0,85		1,16	1,33	0,75	1,00	1,18	1,65	2,15	3,22
Ø28	0,29	0,51	0,62	0,73	0,86		1,15	0,65	0,86	1,02	1,42	1,85	2,78
Ø30	0,25	0,44	0,54	0,64	0,75	0,87		0,57	0,75	0,88	1,24	1,61	2,42
20x20	0,44	0,79	0,95	1,13	1,33	1,54	1,77		1,32	1,56	2,19	2,85	4,28
23x23	0,33	0,59	0,72	0,86	1,00	1,16	1,34	0,76		1,18	1,65	2,16	3,23
25x25	0,28	0,50	0,61	0,72	0,85	0,99	1,13	0,64	0,85		1,40	1,82	2,74
25x35	0,20	0,36	0,43	0,52	0,61	0,70	0,81	0,46	0,60	0,71		1,30	1,95
30x38*	0,16	0,28	0,33	0,40	0,47	0,54	0,62	0,35	0,46	0,55	0,77		1,50
30x57*	0,10	0,18	0,22	0,26	0,31	0,36	0,41	0,23	0,31	0,37	0,51	0,67	

*Hier is uitgegaan van het netto-oppervlak van de diepe bakplaat. 30x38 centimeter komt overeen met een diepe bakplaat in een oven van 60 centimeter breed, 30x57 centimeter komt overeen met een diepe bakplaat in een oven van 90 centimeter breed. Dit kan per oven enkele centimeters verschillen.

CHOCOLADEREPEN OPGESTAPELD ALS HOGE BERGEN. REPEN MET NOTEN, KRUIDEN EN WAT ZOUT OF PEPER, MET GROENTE OF FRUIT IN ONEINDIG VEEL SMAKEN. JE KUNT ER EEN BOEK OVER SCHRIJVEN, ZEKER ALS JE OOK NOG JE EIGEN CHOCOLADE GEBRUIKT. DAN IS HET EEN KOUD KUNSTJE, MAAR GEBRUIK ALTIJD DE GOEDE TECHNIEK EN JE NEUS, WANT SMAAK WORDT UITEINDELIJK DOOR JOU BEPAALD. OOK ZONDER EEN TABLETVORM KUN JE AAN DE SLAG GAAN, MAAK DAN GROTE OF KLEINE FLIKKEN. ALS JE ZE MAAR KUNT STAPELEN, WANT WAT IS ER NOU FIJNER DAN DROMEN OVER BERGEN CHOCOLADE.

TABLETTEN EN REPEN

PURE CHOCOLADEREEP 125   MELKCHOCOLADEREEP MET HAZELNOTEN 126
WITTE CHOCOLADEREEP MET PISTACHENOTEN 128   CHOCOLADEREEP MET ZEEZOUT-KARAMEL 130
CHOCOLADEREEP MET NOUGAT DE MONTÉLIMAR 132   CHOCOLADEREEP MET ROZEMARIJN-ZEEZOUT 135
CHOCOLADERONDJES MET POPCORN 136   CHOCOLADEREEP MET BIETJES 138
CHOCOLADEREEP MET GEDROOGD FRUIT 140   CAPPUCCINOREEP 142   GEROOKTE CHOCOLADEREEP 143
CHOCOLADE-WHISKYREEP 144   CHOCOLADEREEP MET GEPOFTE RIJST 145
SINTERKLAASPOP 147   GEVULDE GIANDUJAREEP 149   CHOCOLADEREEP MET VERS FRUIT 153

PURE CHOCOLADEREEP

ALS JE EENMAAL ZELF JE CHOCOLADE HEBT GEMAAKT, IS HET HEERLIJK OM DAARMEE DE LEKKERSTE REPEN TE GAAN MAKEN, ZOALS DEZE MET CACAONIBS EN ZEEZOUTFLAKES.

VOOR 1 REEP

- 90-95 g pure chocolade, getempereerd
- 5-10 g cacaonibs, optioneel
- zeezoutflakes, optioneel

1 Breng de tabletvorm op een temperatuur van ± 25 °C, bijvoorbeeld met een föhn. Bij deze temperatuur krijgt de chocolade na het stollen een mooie glans. Door de achterzijde van de warme vorm tegen je wang te houden kun je voelen of de temperatuur gelijkmatig is verdeeld.

2 Zet de tabletvorm op de weegschaal en stel deze met de tarra-functie op 0.

3 Gebruik voor een tablet van 100 gram 90 gram getempereerde chocolade en 10 gram cacaonibs.

4 Giet voorzichtig – bijvoorbeeld langs een pollepel – de chocolade in de vorm tot het juiste gewicht is bereikt. Besprenkel de reep eventueel met de zeezoutflakes en meer cacaonibs.

5 Laat de vorm flink dribbelen (zie how-to blz. 79) op het aanrecht zodat de luchtbelletjes uit de chocolade kunnen ontsnappen.

6 Zet de vorm in de koelkast en laat de reep in 15 tot 30 minuten hard worden. Laat daarna 30 minuten op het aanrecht op temperatuur komen. Let op dat de ruimte waar je werkt niet te warm is; om chocolade bij het terugkoelen een perfecte glans te laten krijgen, mag de werktemperatuur nooit hoger zijn dan 25 °C.

7 Keer de vorm rustig om op bakpapier.

MELKCHOCOLADEREEP MET HAZELNOTEN

EEN HEERLIJKE REEP VOOR ELK MOMENT VAN DE DAG. OOK JE KINDEREN WORDEN WAANZINNIG BLIJ ALS ZE DIT EEN KEER KRIJGEN IN PLAATS VAN EEN BOTERHAM MET KAAS. WANNEER JE DE HAZELNOTEN MENGT MET HONING EN ZE ROOSTERT IN DE OVEN, KRIJG JE EEN HEERLIJK KROKANT LAAGJE.

VOOR 1 REEP

- 80 g melkchocolade, getempereerd
- 20 g hazelnoten
- honing, optioneel

1 Breng de tabletvorm op een temperatuur van ± 25 °C, bijvoorbeeld met een föhn. Bij deze temperatuur krijgt de chocolade na het stollen een mooie glans. Door de achterzijde van de warme vorm tegen je wang te houden kun je voelen of de temperatuur gelijkmatig is verdeeld.

2 Zet de tabletvorm op de weegschaal en stel deze met de tarra-functie op 0.

3 Gebruik voor een tablet van 100 gram 80 gram getempereerde melkchocolade en 20 gram hazelnoten. Meng goed met een spatel en vul de tabletvorm.

4 Laat de vorm flink dribbelen (zie how-to blz. 79) op het aanrecht zodat de luchtbelletjes uit de chocolade kunnen ontsnappen.

5 Zet de vorm in de koelkast en laat de reep in 15 tot 30 minuten hard worden. Laat daarna 30 minuten op het aanrecht op temperatuur komen. Let op dat de ruimte waar je werkt niet te warm is; om chocolade bij het terugkoelen een perfecte glans te laten krijgen, mag de werktemperatuur nooit hoger zijn dan 25 °C.

6 Keer de vorm rustig om op bakpapier.

WITTE CHOCOLADEREEP MET PISTACHENOTEN

ALS CHOCOLATIER BEN JE ALTIJD MINDER GERICHT OP WITTE CHOCOLADE, OMDAT HET EIGENLIJK GEEN ECHTE CHOCOLADE IS. GELUKKIG ZIJN ER EEN PAAR UITZONDERINGEN, ZOALS WITTE CHOCOLADE IN COMBINATIE MET PISTACHE. DAT IS EEN GOED HUWELIJK.

VOOR 1 REEP
- 20 g gepelde pistachenoten
- 80 g witte chocolade, getempereerd
- zeezout

1 Verwarm de oven voor tot 170 °C.

2 Leg de pistachenoten op een bakplaat, rooster ze 10 minuten en laat afkoelen.

3 Zet de tabletvorm op de weegschaal en stel deze met de tarra-functie op 0.

4 Gebruik voor een tabletvorm van 100 gram 80 gram witte chocolade en 20 gram pistachenoten. Voeg naar smaak het zout toe. Meng alles goed en vul de tabletvorm met het mengsel.

TIP Voor een ongekend lekkere variant kun je de pistachenoten met een beetje zeezout 10 minuten licht roken in de rookoven.

5 Laat de vorm flink dribbelen (zie how-to blz. 79) op het aanrecht zodat de luchtbelletjes uit de chocolade kunnen ontsnappen.

6 Zet de vorm in de koelkast en laat de reep in 15 tot 30 minuten hard worden. Laat daarna 30 minuten op het aanrecht op temperatuur komen. Let op dat de ruimte waar je werkt niet te warm is; om chocolade bij het terugkoelen een perfecte glans te laten krijgen, mag de werktemperatuur nooit hoger zijn dan 25 °C.

7 Keer de vorm rustig om op bakpapier.

CHOCOLADEREEP MET ZEEZOUT-KARAMEL

IN MIJN EERSTE EIGEN WERKPLAATS, IN DE AMSTERDAMSE JORDAAN, BEGON IK AL LANG GELEDEN MET EXPERIMENTEREN MET ZOUTEN, AZIJNEN, KRUIDEN, KARAMEL EN CHOCOLA. IN DE JAREN NEGENTIG WAREN DEZE COMBINATIES NOG ZEER EXCLUSIEF EN GEWAAGD, NIET IEDEREEN DURFDE HET AAN EN IK WERD ER ZELFS OM UITGELACHEN. TIJDEN ZIJN VERANDERD, MAAR DE COMBINATIE ZEEZOUT MET KARAMEL EN CHOCOLA BLIJFT EEN HELE GOEDE. ZEKER ALS JE ZELF KUNT BEPALEN HOE PUUR DIE WORDT.

VOOR 1 REEP

- 50 g kristalsuiker
- 100 g chocolade, getempereerd
- zeezoutflakes
- 2-5 g gedroogde sinaasappelschillen

1 Breng de tabletvorm op een temperatuur van ± 25 °C, bijvoorbeeld met een föhn. Bij deze temperatuur krijgt de chocolade na het stollen een mooie glans. Door de achterzijde van de warme vorm tegen je wang te houden kun je voelen of de temperatuur gelijkmatig is verdeeld.

2 Begin met het karamelliseren van de suiker (zie how-to blz. 110). Doe hiervoor de helft van de suiker in de steelpan. Laat de suiker op een middelhoog vuur smelten zonder te roeren, maar door de pan goed te schudden.

3 Voeg wanneer de suiker is gesmolten de rest van de suiker erbij en blijf schudden, roer eventueel met een spatel om te voorkomen dat de suiker aanbrandt. Blijf schudden en roeren totdat de vloeistof een egale, lichte karamelkleur heeft gekregen.

4 Giet met behulp van de spatel de hete karamel uit op bakpapier en laat afkoelen. Snijd de harde karamel vervolgens in kleine stukken.

5 Zet een kom op de weegschaal en stel deze met de tarra-functie op 0.

6 Snijd de sinaasappelschillen fijn.

7 Voeg voor een tablet van 100 gram 85 gram melkchocolade, 15 gram karamel en een mespunt zeezoutflakes en de sinaasappelschillen bij elkaar en meng goed met een spatel. Vul de tabletvorm.

8 Laat de vorm flink dribbelen (zie how-to blz. 79) op het aanrecht zodat de luchtbelletjes uit de chocolade kunnen ontsnappen.

9 Zet de vorm in de koelkast en laat de reep in 15 tot 30 minuten hard worden. Laat daarna 30 minuten op het aanrecht op temperatuur komen. Let op dat de ruimte waar je werkt niet te warm is; om chocolade bij het terugkoelen een perfecte glans te laten krijgen, mag de werktemperatuur nooit hoger zijn dan 25 °C.

10 Keer de vorm rustig om op bakpapier.

CHOCOLADEREEP MET NOUGAT DE MONTÉLIMAR

DE PLAATS MONTÉLIMAR IN FRANKRIJK (DRÔME) IS DE BAKERMAT VAN DE NOUGAT, OF NOGA ZOALS WIJ HET NOEMEN. HET IS EEN UITDAGING OM DEZE REEP TE MAKEN MAAR GA 'M AAN, WANT JE WORDT ECHT BELOOND.

VOOR 16-18 REPEN
- 350 g amandelen met vlies
- 250 g fijne kristalsuiker
- 30 g glucosestroop
- 200 g honing
- 30 g eiwit
- 20 g kristalsuiker
- 500-750 g chocolade, getempereerd
- mespunt zeezoutflakes
- 2 vellen ouwel, A4-formaat
- olie, om mee in te vetten

1 Verwarm de oven voor tot 170 °C. Rooster de amandelen in circa 15 minuten op een bakplaat.

2 Verhit de fijne kristalsuiker, de glucosestroop en 85 gram water in een steelpan tot 145 °C. Verhit in een andere steelpan de honing tot 130 °C.

3 Klop het eiwit en de 20 gram suiker met een mixer tot een luchtig schuim.

4 Zet de mixer op halve snelheid en giet de honing en de suikerstroop bij het schuim, blijf kloppen tot het taai wordt. Spatel er ongeveer 300 gram warme amandelen en een mespunt zeezoutflakes doorheen.

5 Leg een vel ouwel in de cakevorm, verdeel de nougat erover en strooi de rest van de amandelen over de nougat. Laat goed uitharden.

6 Snijd de nougat na het uitharden in plakken van 1 tot 1,5 centimeter. Dompel met behulp van twee vorken de stukken nougat in de getempereerde chocolade en haal ze er direct weer uit. Houd de reep met de onderkant in de chocolade en schud de overtollig chocolade eraf of strijk het eraf aan de rand van de pan. Laat de nougat afkoelen op plasticfolie.

CHOCOLADEREEP MET ROZEMARIJN-ZEEZOUT

ROZEMARIJN-ZEEZOUT MAKEN IS TE MAKKELIJK EN LEUK, DEZE COMBINATIE VIND IK ZELF HET LEKKERST MET PURE CHOCOLADE.

VOOR 1 REEP
- 100 g pure chocolade, getempereerd
- 5-10 takjes rozemarijn
- 250 g zeezout

1 Breng de tabletvorm op een temperatuur van ± 25 °C, bijvoorbeeld met een föhn. Bij deze temperatuur krijgt de chocolade na het stollen een mooie glans. Door de achterzijde van de warme vorm tegen je wang te houden kun je voelen of de temperatuur gelijkmatig is verdeeld.

2 Spoel de rozemarijntakjes af met water en ris de naaldjes eraf. Doe de naaldjes bij het zout in een kom en giet er water bij tot het geheel vochtig is (het hoeft niet onder te staan). Dek de kom af met een bordje en zet 12 tot 18 uur in de koelkast. Verdeel vervolgens het zout, zonder de naaldjes, over een met bakpapier beklede bakplaat en zet de plaat 15 uur in de droogkast op een temperatuur van 55 °C.

3 Zet een kom op de weegschaal en stel deze met de tarra-functie op 0. Giet de pure chocolade in de kom en bestrooi met wat zout naar smaak. Bewaar de rest van het zout als voorraad.

4 Laat de vorm flink dribbelen (zie how-to blz. 79) op het aanrecht zodat de luchtbelletjes uit de chocolade kunnen ontsnappen.

5 Zet de vorm in de koelkast en laat de reep in 15 tot 30 minuten hard worden. Haal de vorm uit de koelkast en laat 30 minuten op het aanrecht rusten. Let op dat de ruimte waar je werkt niet te warm is; boven de 25 °C wordt het werken met chocolade lastig in verband met het terugkoelen en het verkrijgen van een perfecte glans.

6 Keer de vorm rustig om op bakpapier.

CHOCOLADERONDJES MET POPCORN

1 Doe de olie, mais, suiker en kleurstof in een grote pan en zet die op hoog vuur. Roer alles goed tot er maiskorrels beginnen te ploppen.

2 Plaats het deksel op de pan en schud de pan goed zodat de karamel niet verbrandt. Zet het vuur laag en wacht tot alle maiskorrels geplopt zijn.

3 Giet de popcorn in een grote schaal en voeg wat zout en het zakje knettersuiker toe, meng goed door en laat de popcorn afkoelen.

4 Meng de getempereerde chocolade door de popcorn en schep het met een lepel over in een grote vorm of gebruik meerdere ronde vormpjes. Druk goed aan en decoreer eventueel met de smarties.

5 Zet de vorm in de koelkast en laat de reep in 15 tot 30 minuten hard worden. Haal de vorm uit de koelkast en laat 30 minuten op het aanrecht rusten. Let op dat de ruimte waar je werkt niet te warm is; boven de 25 °C wordt het werken met chocolade lastig in verband met het terugkoelen en het verkrijgen van een perfecte glans.

6 Keer de vorm rustig om op bakpapier.

VOOR 25-30 STUKS

- 170 g plantaardige olie
- 50 g maiskorrels
- 200 g suiker
- 5-15 druppels gele of rode kleurstof
- snuf zout
- 1 zakje knettersuiker
- 500 g chocolade, getempereerd
- smarties, optioneel

TIP Je kunt het jezelf ook makkelijk maken door de zoete popcorn kant-en-klaar te kopen.

CHOCOLADEREEP MET BIETJES

1 Breng de tabletvorm op een temperatuur van ± 25 °C, bijvoorbeeld met een föhn. Bij deze temperatuur krijgt de chocolade na het stollen een mooie glans. Door de achterzijde van de warme vorm tegen je wang te houden kun je voelen of de temperatuur gelijkmatig is verdeeld.

2 Los het zout op in 1 liter water. Schil de bieten (draag wegwerphandschoenen, want met name rode bieten geven erg af). Snijd de uiteinden eraf en snijd de bieten met een mes of mandoline in plakken van 2 tot 3 millimeter dik. Doe de bietenplakken kort in het zoute water en meng goed. Giet de bieten af en laat goed uitlekken.

3 Rasp de citroen en knijp het sap eruit. Meng citroenrasp en -sap met de honing door de bieten. Leg de bietenplakken op de roosters van de droogkast en laat in 15 uur drogen op 50 °C.

4 Zet een vorm op de weegschaal en stel deze met de tarra-functie op 0.

5 Giet de getempereerde pure chocolade in de vorm.

6 Laat de vorm flink dribbelen (zie how-to blz. 79) op het aanrecht zodat de luchtbelletjes uit de chocolade kunnen ontsnappen.

7 Leg de gedroogde bieten decoratief op de nog vloeibare chocolade.

VOOR 1 REEP
- 1 tl zout
- 4-6 rode, gele en oranje bieten
- 1 citroen
- 4 el honing
- 100 g pure chocolade, getempereerd

8 Zet de vorm in de koelkast en laat de reep in 15 tot 30 minuten hard worden. Haal de vorm uit de koelkast en laat 30 minuten op het aanrecht rusten. Let op dat de ruimte waar je werkt niet te warm is; boven de 25 °C wordt het werken met chocolade lastig in verband met het terugkoelen en het verkrijgen van een perfecte glans.

9 Keer de vorm rustig om op bakpapier.

CHOCOLADEREEP MET GEPOFTE RIJST

DE TRADITIONELE RICE KRISPIE IS ECHT EEN *GUILTY PLEASURE*. MAAK DEZE REEP EENS ZELF, MET DE ALLERFIJNSTE INGREDIËNTEN, EN GENIET VAN EEN LUCHTIGE TRAKTATIE – ZONDER EEN ZWEEM VAN SCHULDGEVOEL.

VOOR 12 REPEN
- 500 ml hittebestendige, plantaardige olie (bv. arachideolie)
- 200 g rijst
- zeezout
- 100 g melkchocolade, getempereerd

1 Breng de tabletvorm op een temperatuur van ± 25 °C, bijvoorbeeld met een föhn. Bij deze temperatuur krijgt de chocolade na het stollen een mooie glans. Door de achterzijde van de warme vorm tegen je wang te houden kun je voelen of de temperatuur gelijkmatig is verdeeld.

2 Verhit de olie in een pan naar 220 tot 230 °C.

3 Voeg ongeveer 100 gram rijst toe aan de olie als deze goed heet is en laat de rijst poffen (dit duurt ongeveer 8 seconden).

4 Zet een zeef op een andere pan en giet de olie en de rijst in de zeef als de rijst is gepoft (de olie vang je dus op in de andere pan). Zet de pan direct terug op de warmtebron en warm de olie op naar 230 °C. Voeg de overige 100 gram rijst toe.

5 Doe de gepofte rijst in een kom en meng met een beetje zeezout.

6 Zet een kom op de weegschaal en stel deze met de tarra-functie op 0. Meng 90 gram melkchocolade en 10 gram gepofte rijst voor een reep van 100 gram. Meng alles goed en giet in de tabletvorm.

7 Laat de vorm flink dribbelen (zie how-to blz. 79) op het aanrecht zodat de luchtbelletjes uit de chocolade kunnen ontsnappen.

8 Zet de vorm in de koelkast en laat de reep in 15 tot 30 minuten hard worden. Laat daarna 30 minuten op het aanrecht op temperatuur komen. Let op dat de ruimte waar je werkt niet te warm is; om chocolade bij het terugkoelen een perfecte glans te laten krijgen, mag de werktemperatuur nooit hoger zijn dan 25 °C.

9 Keer de vorm rustig om op bakpapier.

CHOCOLADE-WHISKYREEP

1 Meng de cacaonibs en de whisky in een kom en laat 1 nacht staan. Leg de cacaonibs en de suiker apart 15 uur in de droogkast op 50 °C. Wals na 15 uur de nibs en voeg vervolgens de suiker toe (zie how-to blz. 56).

2 Zie de how-to's (blz. 70-75) om getempereerde chocolade te maken.

3 Breng de tabletvorm op een temperatuur van ± 25 °C, bijvoorbeeld met een föhn. Bij deze temperatuur krijgt de chocolade na het stollen een mooie glans. Door de achterzijde van de warme vorm tegen je wang te houden kun je voelen of de temperatuur gelijkmatig is verdeeld.

4 Zet de tabletvorm op de weegschaal en stel deze met de tarra-functie op 0. Giet 100 gram getempereerde whiskychocolade in de vorm. Als je er cacaonibs aan toe wilt voegen, meng dan in een kom 5 gram nibs door 95 gram chocolade en giet dit mengsel in de vorm.

5 Laat de vorm flink dribbelen (zie how-to blz. 79) op het aanrecht zodat de luchtbelletjes uit de chocolade kunnen ontsnappen.

6 Zet de vorm in de koelkast en laat de reep in 15 tot 30 minuten hard worden. Haal de vorm uit de koelkast en laat 30 minuten op het aanrecht rusten. Let op dat de ruimte waar je werkt niet te warm is; om chocolade bij het terugkoelen een perfecte glans te laten krijgen mag de werktemperatuur nooit hoger zijn dan 25 °C.

7 Keer de vorm rustig om op bakpapier.

VOOR MAXIMAAL 14 REPEN

- 1 kg cacaonibs
- 100 g whisky
- 300 g suiker
- 60 g cacaoboter

GEROOKTE CHOCOLADEREEP

1 Verwarm de oven voor tot 160 °C.

2 Voor een kleine rookoven gebruik je 1 theelepel rookkrullen, voor een grotere 1 eetlepel. Doe de krullen in de rookoven en verhit met een brander aan de onderkant van de rookoven tot deze gaat branden.

3 Leg de gesloten plaat over de krullen en doe de cacaobonen erin en schuif het deksel dicht. Plaats de rookoven ongeveer 20 minuten in de conventionele oven. Haal de bonen uit de oven en laat ze afkoelen.

4 Maak de getempereerde chocolade (zie how-to blz. 70-75).

5 Breng de tabletvorm op een temperatuur van ± 25 °C, bijvoorbeeld met een föhn. Bij deze temperatuur krijgt de chocolade na het stollen een mooie glans. Door de achterzijde van de warme vorm tegen je wang te houden kun je voelen of de temperatuur gelijkmatig is verdeeld.

6 Zet de tabletvorm op de weegschaal en stel deze met de tarra-functie op 0. Giet de getempereerde gerookte chocolade in de tabletvorm.

7 Laat de vorm flink dribbelen (zie how-to blz. 79) op het aanrecht zodat de luchtbelletjes uit de chocolade kunnen ontsnappen.

VOOR 13 REPEN
- 1 kg cacaobonen
- 250 g suiker
- 50 g cacaoboter

8 Zet de vorm in de koelkast en laat de reep in 15 tot 30 minuten hard worden. Haal de vorm uit de koelkast en laat 30 minuten op het aanrecht rusten. Let op dat de ruimte waar je werkt niet te warm is; boven de 25 °C wordt het werken met chocolade lastig in verband met het terugkoelen en het verkrijgen van een perfecte glans.

9 Keer de vorm rustig om op bakpapier.

TIP Rookkrullen of rookmot kun je kopen bij een kookwinkel.

CAPPUCCINOREEP

1 Zet een tabletvorm op de weegschaal en stel deze met de tarra-functie op 0. Giet de getempereerde witte chocolade in de vorm. Laat de vorm flink dribbelen (zie how-to blz. 79) op het aanrecht zodat de luchtbelletjes uit de chocolade kunnen ontsnappen.

2 Zet de vorm in de koelkast en laat de witte chocolade in 1 minuut iets harder worden; de chocolade mag niet van de vorm loskomen. Haal de vorm na 1 minuut uit de koelkast.

3 Meng de donkere melkchocolade met de oploskoffie en de geroosterde koffiebonen en giet per reep 60 gram van dit mengsel op de witte chocolade.

4 Zet de vorm in de koelkast en laat de reep in 15 tot 30 minuten hard worden. Haal de vorm uit de koelkast en laat 30 minuten op het aanrecht rusten. Let op dat de ruimte waar je werkt niet te warm is; boven de 25 °C wordt het werken met chocolade lastig in verband met het terugkoelen en het verkrijgen van een perfecte glans.

5 Keer de vorm rustig om op bakpapier.

VOOR 5 REPEN
- 250 g witte chocolade, getempereerd
- 250 g donkere melkchocolade, getempereerd
- max. 1 g oploskoffie
- 2 g geroosterde koffiebonen

6 Laat de aardbeien uitlekken en verdeel ook de aardbeien over de roosters van de droogkast. Sprenkel wat zwarte peper over het fruit en laat in 15 uur op 50 °C mooi drogen.

7 Zet een vorm op de weegschaal en stel deze met de tarra-functie op 0.

8 Giet de getempereerde pure chocolade in de vorm.

9 Laat de vorm flink dribbelen (zie how-to blz. 79) op het aanrecht zodat de luchtbelletjes uit de chocolade kunnen ontsnappen.

10 Verdeel het gedroogde fruit naar smaak over de chocolade. Bewaar het gedroogde fruit dat je over hebt voor een ander recept, of voor nog meer heerlijke repen (zie Tip).

11 Zet de vorm in de koelkast en laat de reep in 15 tot 30 minuten hard worden. Haal de vorm uit de koelkast en laat 30 minuten op het aanrecht rusten. Let op dat de ruimte waar je werkt niet te warm is; boven de 25 °C wordt het werken met chocolade lastig in verband met het terugkoelen en het verkrijgen van een perfecte glans.

12 Keer de vorm rustig om op bakpapier.

TIP Verpak het gedroogde fruit dat je over hebt in een luchtdicht afsluitbare bak voor andere heerlijke recepten. Het is bijvoorbeeld ook heerlijk in de yoghurt of zo als snack tussendoor.

CHOCOLADEREEP MET GEDROOGD FRUIT

KOOP ZOVEEL FRUIT ALS DAT IN JE DROOGKAST PAST. WANT ALS JE DAN TOCH BEZIG BENT, KUN JE METEEN EEN LEKKER VOORRAADJE MAKEN. GEEF HET FRUIT EEN EXTRA TOUCH DOOR ER WAT PEPERTJES AAN TOE TE VOEGEN, WANT DAT MAAKT DE SMAAK VAN HET FRUIT NOG INTENSER.

VOOR 1 REEP

- 2 el citroensap
- 1 rijpe mango
- enkele rijpe, grote aardbeien
- mespunt gedroogde chilipeper, fijngesneden
- versgemalen zwarte peper
- 100 g chocolade, getempereerd

1 Breng de tabletvorm op een temperatuur van ± 25 °C, bijvoorbeeld met een föhn. Bij deze temperatuur krijgt de chocolade na het stollen een mooie glans. Door de achterzijde van de warme vorm tegen je wang te houden kun je voelen of de temperatuur gelijkmatig is verdeeld.

2 Doe 500 milliliter water in een kom met het citroensap.

3 Snijd het vruchtvlees van de mango langs de pit weg en snijd de mango in de lengte in plakken van 3 tot 5 millimeter dik. Leg de mangorepen in het citroenwater en laat even zo staan.

4 Plaats een zeef op een kom en giet de mango af, vang het citroenwater op in de kom. Haal de kroontjes van de aardbeien en snijd de aardbeien in plakken van 3 tot 5 millimeter. Leg de aardbeien in het citroenwater en laat even zo staan.

5 Geef de mango een pittige bite door de chilipeper erdoor te scheppen. Verdeel de mangoplakken over de roosters van de droogkast.

SINTERKLAASPOP

SINTERKLAAS IS BIJ UITSTEK EEN FEEST OM TE VIEREN MET FAMILIE EN/OF VRIENDEN. EXTRA LEUK IS HET OM IEDEREEN TE TRAKTEREN OP EEN ZELFGEMAAKTE SINTERKLAASREEP.

VOOR 5 POPPEN
- 25 g pepernoten
- 1 g speculaaskruiden
- 175 g melk-, witte of pure chocolade, getempereerd

1 Breng de tabletvorm op een temperatuur van ± 25 °C, bijvoorbeeld met een föhn. Bij deze temperatuur krijgt de chocolade na het stollen een mooie glans. Door de achterzijde van de warme vorm tegen je wang te houden kun je voelen of de temperatuur gelijkmatig is verdeeld.

2 Zet een kom op de weegschaal en stel deze met de tarra-functie op 0. Doe voor een vorm van 250 gram de pepernoten, de speculaaskruiden en de getempereerde chocolade in een kom. Meng goed met een spatel en vul de vorm met het chocolademengsel.

3 Laat de vorm flink dribbelen (zie how-to blz. 79) op het aanrecht zodat de luchtbelletjes uit de chocolade kunnen ontsnappen.

4 Zet de vorm in de koelkast en laat de reep in 15 tot 30 minuten hard worden. Laat daarna 30 minuten op het aanrecht op temperatuur komen. Let op dat de ruimte waar je werkt niet te warm is; om chocolade bij het terugkoelen een perfecte glans te laten krijgen, mag de werktemperatuur nooit hoger zijn dan 25 °C.

5 Keer de vorm rustig om op bakpapier.

GEVULDE GIANDUJAREEP

1 Verwarm de oven voor tot 170 °C.

2 Rooster de amandelen op een bakplaat in 15 minuten lichtbruin. Laat goed afkoelen en maal ze in een keukenmachine tot pasta. Voeg eventueel 1 theelepel olie toe om de pasta smeuïger te maken. Voeg de boter toe en de stukjes melkchocolade en meng tot een smeuïge pasta (de gianduja).

3 Breng de tabletvorm op een temperatuur van ± 25 °C, bijvoorbeeld met een föhn. Bij deze temperatuur krijgt de chocolade na het stollen een mooie glans. Door de achterzijde van de warme vorm tegen je wang te houden kun je voelen of de temperatuur gelijkmatig is verdeeld.

4 Giet de getempereerde chocolade in de tabletvorm en dribbel de vorm even op het aanrechtblad zodat de luchtbellen eruit gaan. Zorg ervoor dat de chocolade netjes over de vorm verdeeld is en laat de vorm 1 minuut staan zodat de chocolade net iets harder kan worden.

5 Keer de vorm om en laat de nog niet gestolde chocolade er in een kom uit lopen. Als het goed is, blijft er een laagje chocolade achter in de vorm waarin straks de gianduja wordt gegoten.

6 Snijd met een glaceermes de overtollige chocolade aan de rand van de vorm weg en zorg ervoor dat het oppervlak schoon van chocolade is.

VOOR 10 REPEN
- 250 g amandelen
- 1 tl olie
- 25 g verse boter
- 250 g melkchocolade in stukjes
- 750 g melk-, witte of pure chocolade, getempereerd
- snufje zeezout

Zie de volgende pagina voor het vervolg van dit recept.

7 Giet de gianduja in de vorm en zorg ervoor dat er aan de bovenkant 2 millimeter overblijft om de vorm met melkchocolade af te sluiten. Zet de tabletvorm in de koelkast en laat de gianduja stevig worden Houd intussen de getempereerde chocolade op temperatuur in de au bain-marie.

8 Haal de tabletvorm uit de koelkast en giet de overgebleven getempereerde chocolade over de gianduja. Strijk de overtollige chocolade met een glaceermes weg.

9 Zet de vorm in de koelkast en laat de reep in 15 tot 30 minuten hard worden. Laat daarna 30 minuten op het aanrecht op temperatuur komen. Let op dat de ruimte waar je werkt niet te warm is; om chocolade bij het terugkoelen een perfecte glans te laten krijgen, mag de werktemperatuur nooit hoger zijn dan 25 °C.

10 Keer de vorm rustig om op bakpapier.

CHOCOLADEREEP
MET VERS FRUIT

1 Breng de tabletvorm op een temperatuur van ± 25 °C, bijvoorbeeld met een föhn. Bij deze temperatuur krijgt de chocolade na het stollen een mooie glans. Door de achterzijde van de warme vorm tegen je wang te houden kun je voelen of de temperatuur gelijkmatig is verdeeld.

2 Laat het fruit – denk aan bramen, kleine aardbeien, frambozen, blauwe bessen of stukjes abrikoos – op keukenpapier drogen en op kamertemperatuur komen.

3 Verwarm de getempereerde chocolade vlak voordat je het fruit erdoor mengt; door het fruit zal de chocolade snel afkoelen en dan ontstaat een niet meer vloeibare klont. Verwarm pure chocolade tot 31-32 °C, melkchocolade tot 30-31 °C en witte chocolade tot 29-30 °C.

4 Elke vorm heeft een eigen maat; controleer dit voordat je gaat gieten. Zet de vorm op de weegschaal en stel deze met de tarra-functie op 0.

5 Meng in een kom het fruit met de chocolade met een spate en giet daarom snel de chocolade in de vorm tot het juiste gewicht.

VOOR 4 REPEN
- 100 g vers fruit
- 300 g melk-, witte of pure chocolade, getempereerd

Zie de volgende pagina voor het vervolg van dit recept.

6 Laat de vorm flink dribbelen (zie how-to blz. 79) op het aanrecht zodat de luchtbelletjes uit de chocolade kunnen ontsnappen.

7 Zet de vorm in de koelkast en laat de reep in 15 tot 30 minuten hard worden. Laat daarna 30 minuten op het aanrecht op temperatuur komen. Let op dat de ruimte waar je werkt niet te warm is; om chocolade bij het terugkoelen een perfecte glans te laten krijgen, mag de werktemperatuur nooit hoger zijn dan 25 °C.

8 Keer de vorm rustig om op bakpapier.

TIPS Belangrijk bij deze reep is dat je het mengen en uitgieten supersnel doet voor het beste resultaat. Dus leg je mobieltje weg en laat je niet afleiden.

Eet de reep binnen 24 uur op, anders slaat de chocolade wit uit door het vocht in het fruit.

JE EIGEN TAART BAKKEN, DAT IS TOCH GEWELDIG. JE KUNT HET JEZELF MAKKELIJK MAKEN OF MOEILIJK, MAAR HET IS ALTIJD EEN FEEST OM TE DOEN. WAT DACHT JE VAN EEN LEKKERE MODDERTAART, BIJ DE EERSTE HAP SMELT DE ZACHTE CHOCOLADEVULLING TUSSEN JE TONG EN GEHEMELTE. EN DE INTENS VOLLE SMAAK KRIJG JE CADEAU. OF WAT DACHT JE VAN DE MAKKELIJK TE MAKEN CHOCOLADETAART MET VERSE FRAMBOZEN. EN GEEN GEDOE MEER MET BLINDBAKBONEN, WANT WE LEREN JE EEN MANIER OM DE BODEM TE BAKKEN ZONDER AL DAT GEDOE.

TAARTEN

CHOCOLADE-GANACHETAART **159** MELKCHOCOLADETAART MET PISTACHE **162**
CHOCOLADE-PERENTAART **165** MODDERTAART **167** CHOCOLADETAART **168**
CHOCOLADETAART MET WALNOOT EN KARAMEL **172** CHOCOLADE-CHEESECAKE **175**
CHOCOLADETAART MET FRAMBOZEN **177** BLACK VELVET-TAART **181**
IN BETWEEN LOVE CHOCOLATE-CAKE **183** WITTE CHOCOLADETAART MET SINAASAPPEL **186**

CHOCOLADE-GANACHETAART

DE EERSTE KEER DAT IK DEZE TAART MAAKTE, WAS IK VERLIEFD OP EEN MEISJE TOT OVER MIJN OREN MAAR DURFDE DAAR NIET AAN TOE TE GEVEN. AL MIJN ZOETE GEVOELENS EN VERLANGENS STOPTE IK IN DEZE TAART. IK HEB NOG EVEN GEAARZELD OM HET DROOMMEISJE UIT TE NODIGEN OM HEM SAMEN OP TE ETEN. MAAR IK DURFDE NIET, AT HEM HELEMAAL ZELF OP EN WAS DAARNA EEN DAG MISSELIJK. IK HEB GELEERD. EET NOOIT, MAAR DAN OOK NOOIT, EEN HELE TAART IN JE EENTJE OP, MAAR BLIJF WEL JE GEVOELENS IN GERECHTEN STOPPEN.

VOOR 1 TAART

BODEM
- 120 g boter, op kamertemperatuur, plus extra om in te vetten
- 80 g poedersuiker
- 25 g amandelpoeder
- mespunt zout
- 45 g of 1 ei
- 190 g bloem, plus extra om te bestrooien
- 10 g cacaopoeder

VULLING
- 365 g pure chocolade 70%
- mespunt zoutflakes
- 320 g slagroom
- 20 g of 1 el honing
- 50 g boter, op kamertemperatuur

1 Doe de boter, poedersuiker, het amandelpoeder en het zout in de kom en roer tot een egaal deeg. Voeg het ei toe en roer goed door tot alles is opgenomen. Zeef de bloem en het cacaopoeder in de kom en roer tot een soort deeg, maar kneed het niet.

2 Maak een bal van het deeg en bestrooi deze met bloem. Leg de deegbal op een stuk bakpapier en druk het plat. Leg er een stuk bakpapier overheen (zie how-to blz. 82).

3 Rol het deeg tussen het bakpapier uit tot een plak van ongeveer 3 millimeter dik en iets breder dan de bakvorm met rechte rand (22 centimeter Ø).

4 Haal het bovenste vel bakpapier van het deeg af en leg de bakvorm op z'n kop op de deegplak en keer het geheel om. Verwijder het onderste vel bakpapier en drapeer de deegplak gelijkmatig over de bakvorm.

Zie de volgende pagina voor het vervolg van dit recept.

5 Vouw een rand deeg over de rand van de vorm, zodat het deeg niet in de vorm kan glijden tijdens het bakken. Prik met een vork gaatjes in de bodem en zet het deeg 30 minuten in de koelkast om stevig te worden.

6 Verwarm de oven voor tot 160 °C.

7 Bak de bodem in 12 minuten gaar en laat 15 minuten afkoelen. Snijd hierna het overtollige deeg van de rand af.

8 Snijd voor de vulling de chocolade in stukken en smelt 50 gram au bain-marie (zie how-to blz. 62) tot een temperatuur van 40 tot 45 °C.

9 Kwast de bodem en zijkanten van de taart in met een laagje chocolade (gebruik niet alles) en verdeel de zoutflakes over de bodem.

10 Leg de taart op een serveerschaal.

11 Kook de slagroom en de honing in een steelpan. Roer goed door met een garde en voeg als de slagroom gaat koken de overige chocolade toe. Haal de pan van het vuur en roer net zo lang tot alle chocolade is gesmolten.

12 Voeg de boter in stukjes toe aan de ganache als deze een temperatuur heeft van tussen de 30 en 35 °C. Meng goed met de staafmixer tot de ganache mooi glad is en giet deze dan in de taartbodem.

13 Laat de taart 2 uur afkoelen en opstijven in de koelkast.

MELKCHOCOLADETAART MET PISTACHE

ZEVENDUIZEND JAAR GELEDEN WERDEN ER AL PISTACHENOOTJES GEPELD, ALS WE DE ARCHEOLOGEN MOGEN GELOVEN. DE KONINGIN VAN SHEBA VERKLAARDE DE PISTACHENOOT ZELFS TOT KONINKLIJK VOEDSEL. DEZE EENVOUDIG TE MAKEN, GLUTENVRIJE TAART IS PRACHTIG IN BALANS EN ZOU ZEKER NIET MISSTAAN OP EEN KONINKLIJKE TAFEL.

VOOR 1 TAART
- 135 g ei of 3 eieren
- 240 g basterdsuiker
- 8 g wittewijnazijn
- 2 g zout
- 3 g citroensap
- 125 g melkchocolade, gesmolten
- 150 g boter, gesmolten
- 50 g pistachenoten
- 140 g boekweitbloem
- 5 g bakpoeder
- boter, om mee in te vetten

1 Verwarm de oven voor tot 180 °C.

2 Vet de bodem van een ronde springvorm (24 centimeter Ø) in – gebruik je een siliconenvorm dan kun je dit achterwege laten – en bekleed de bodem met bakpapier. Zet de ingevette ring eroverheen en knip het overtollige bakpapier eraf.

3 Klop ei, basterdsuiker, azijn, zout en citroensap luchtig en wit. Meng de chocolade met de boter en voeg toe aan het eimengsel en roer goed door.

4 Hak de pistachenoten in grove stukjes. Meng pistachenoten, boekweitbloem en bakpoeder en voeg ook toe aan het eimengsel. Meng het geheel nog even goed door en stort het mengsel in de springvorm.

5 Zet de oventemperatuur terug op 150 °C en bak de taart gaar in 30-35 minuten.

CHOCOLADE-PERENTAART

DEZE STIJLVOLLE TAART STEUNT OP DE KLASSIEKE COMBINATIE VAN PEER EN CHOCOLADE. MISSCHIEN DENK JE DIRECT AAN ÉÉN VAN DE BEROEMDSTE DESSERTS VAN DE FRANSE KEUKEN: POIRE BELLE HÉLÈNE VAN DE LEGENDARISCHE AUGUSTE ESCOFFIER. EEN PRACHTIGE NAAM, MAAR IK HOUD HET BIJ HOLLANDSE NUCHTERHEID: DIT IS CHOCOLADE-PERENTAART. HELEMAAL ONWEERSTAANBAAR MET DE TOEVOEGING VAN VANILLESAUS.

VOOR 1 TAART

BODEM
- 120 g boter, op kamertemperatuur
- 80 g poedersuiker
- 25 g amandelpoeder
- mespunt zout
- 45 g of 1 ei
- 190 g bloem
- 10 g cacaopoeder
- boter, om mee in te vetten

VULLING
- 3 rijpe peren
- 120 g honing
- 45 g chocolade 70%, gehakt
- 45 g ei of 1 groot ei
- ½ vanillestokje of half zakje vanillesuiker
- 70 g volle melk
- 135 g slagroom
- 30 g suiker

1 Doe de zachte boter, poedersuiker, het amandelpoeder en het zout in een kom en roer tot een egaal deeg. Voeg het ei toe en roer goed door tot alles is opgenomen. Zeef de bloem en het cacaopoeder in de kom en roer het geheel tot een deeg, maar kneed het niet.

2 Maak een bal van het deeg en bestrooi deze met bloem. Leg de deegbal op een stuk bakpapier en druk het plat. Leg er een stuk bakpapier overheen (zie how-to blz. 82).

3 Rol het deeg tussen het bakpapier uit tot een plak van ongeveer 3 millimeter dik en iets breder dan de bakvorm met rechte rand.

4 Haal het bovenste vel bakpapier van het deeg af en leg de bakvorm op z'n kop op de deegplak en keer het geheel om. Verwijder het onderste vel bakpapier en drapeer de deegplak gelijkmatig over de bakvorm.

Zie de volgende pagina voor het vervolg van dit recept.

5 Vouw een rand deeg over de rand van de vorm, zodat het deeg niet in de vorm kan glijden tijdens het bakken. Prik met een vork gaatjes in de bodem en zet het deeg 30 minuten in de koelkast om stevig te worden.

6 Verwarm de oven op 160 °C.

7 Bak de bodem in 10 minuten gaar en laat dan afkoelen.

8 Schil de peren en snijd ze elk in acht parten. Verwijder het klokhuis. Verwarm de honing in een grote koekenpan op laag vuur en wentel de peren er in om. Laat ze in 2 tot 3 minuten gaar worden, schep ze uit de pan en laat de peren op een bord afkoelen.

9 Doe de chocolade en het ei in een kom. Schraap het zaad uit het vanillestokje. Verhit in een steelpan de melk, slagroom, suiker en het vanillezaad en -stokje en breng aan de kook.

10 Giet de hete inhoud van de pan in de kom met het ei en de chocolade en roer tot een mooie egale vulling. Verwijder het stokje en schraap het goed leeg.

11 Leg de stukjes peer op hun rug op gelijkmatige afstand van elkaar op de gebakken taartbodem en giet de vulling vanuit het midden in de taart. Bak de taart in de oven in 12 minuten gaar.

12 Laat de taart afkoelen, snijd het overtollige deeg van de rand af en serveer op kamertemperatuur.

MODDERTAART

DEZE TAART KOMT OORSPRONKELIJK UIT MISSISSIPPI EN MOET DE MODDER VAN DE OEVERS VAN DE RIVIER VOORSTELLEN. DAAROM MAG DEZE TAART OOK BEST WEL EEN BEETJE ROMMELIG GESERVEERD WORDEN.

VOOR 1 TAART
- 175 g boter, plus extra om in te vetten
- 1 g zout
- 260 g chocolade 70%, gehakt
- 175 g ei
- 290 g suiker
- mespunt gemalen peper
- 25 g boekweitmeel
- 3 g bakpoeder

1 Verwarm de oven voor tot 170 °C.

2 Smelt de boter met het zout au bain-marie. Haal de kom van de pan en roer met de garde de chocolade erdoor tot een gladde massa. Zet de kom apart.

3 Doe het ei, de suiker en peper in een kom en klop tot een stevige massa. Als de acht die je met de garde maakt blijft staan in de massa dan is het goed.

4 Giet de chocoladeboter bij het eimengsel en meng goed met een spatel. Voeg ook het boekweitmeel en bakpoeder toe.

5 Smeer de bakvorm in met boter en bekleed de bodem indien nodig met bakpapier.

6 Giet de vulling in de taartvorm en zet de vorm in de voorverwarmde oven. Bak de taart in 30 minuten gaar, maar laat hem niet te gaar worden. Laat de taart even rusten en haal hem dan uit de bakvorm.

CHOCOLADETAART

1 Verwarm de oven voor tot 160 °C.

2 Vet een hoge springvorm (20 centimeter Ø) in en bekleed de bodem met bakpapier. Klem de springvormring eromheen en knip het uitstekende bakpapier weg.

3 Zeef de bloem en het cacaopoeder in een kom.

4 Smelt de boter met het zout in een steelpan. Haal de pan van het vuur als het gesmolten is.

5 Klop met de mixer het ei en de suiker schuimig. Laat de mixer draaien en voeg het bloemmengsel toe en mix tot een luchtige massa. Voeg de gesmolten boter toe en mix tot een homogeen geheel.

6 Giet het mengsel in de taartvorm en zet de taart 30 tot 35 minuten in de oven. Controleer of de taart gaar is door een satéprikker in het midden te steken; als deze er schoon uit komt is de taart gaar.

7 Laat de taart 10 minuten rusten. Keer dan de taart om op het rooster, verwijder het bakpapier en laat de taart afkoelen. Snijd de taart vervolgens horizontaal in drie even dikke plakken.

VOOR 1 TAART

DEEG
- 150 g bloem
- 50 g cacaopoeder
- 120 g boter, plus extra om in te vetten
- mespunt zout
- 400 g ei of 9 eieren
- 200 g suiker

SIROOP
- 100 g water
- 100 g suiker
- 50 g sterkedrank

GANACHE
- 750 g slagroom
- mespunt zout
- 130 g honing
- 500 g chocolade 70%, gehakt
- 70 g rum optioneel

CHOCOLADEGLAZUUR
- 5 g gelatinepoeder
- 130 g suiker
- 50 g glucosestroop
- 90 g gecondenseerde melk
- 90 g cacaopoeder

DECORATIE
- vel bladgoud

8 Kook voor de siroop het water en de suiker in een steelpan en meng de sterkedrank (denk aan brandy, rum, whisky of een likeur naar smaak) erdoor en laat de siroop afkoelen.

9 Kook voor de ganache de slagroom met het zout en de honing. Doe de chocolade in een kom en giet de hete slagroom erop. Roer met een garde en voeg eventueel de rum toe. Laat de ganache au bain-froid afkoelen (zie how-to blz. 63).

10 Leg het taartkarton (22 centimeter Ø) dat onder de taart komt op een vlakke plaat en zet daar de taartring (22 centimeter Ø) op. Knip bakpapier of plasticfolie voor de taartrand op maat en bekleed de binnenzijde van de taartring.

11 Leg een van de chocoladecakeplakken op de bodem; zorg ervoor dat de plak de zijkant niet raakt en besprenkel met de siroop. Giet eenderde van de ganache erover. Leg daar weer een laag cake op, druk licht aan en besprenkel met de siroop en giet eenderde van ganache erop. Leg daar weer een laag cake op en druk licht aan. Besprenkel de bovenste laag met de siroop en giet de rest van de ganache erop.

12 Dribbel de vlakke plaat even op het werkblad zodat de bovenkant mooi vlak wordt en laat de taart in 3 tot 6 uur in de koelkast stevig worden. Week voor het chocoladeglazuur de gelatine met 60 gram koud water en laat staan.

Zie de volgende pagina voor het vervolg van dit recept.

13 Kook 60 gram water, de suiker, glucosestroop, gecondenseerde melk en het cacaopoeder tot 103 °C. Haal de pan van het vuur en snijd de gelatine in stukken. Doe de gelatine in de pan en mix tot een egaal en glad mengsel. Zorg dat de staafmixer niet omhoogkomt, want dan komt er lucht in het glazuur. Koel het glazuur terug naar 30 tot 35 °C, dat is de beste temperatuur om het glazuur te laten glimmen.

14 Neem een plaat en zet daar een springvorm (20 centimeter Ø) ondersteboven op. Haal de taart uit de koelkast, verwijder de ring en het bakpapier of het plasticfolie van de rand en onder de taart en zet de taart terug op het karton. Plaats de taart op de springvorm. Giet het glazuur over de taart: begin bij de rand, zodat de boven- en zijkant goed bedekt worden en gebruik het glaceermes om het glazuur mooi vlak te strijken.

15 Strijk met het glaceermes het overtollige glazuur weg als het niet meer druipt en til de taart van de springvorm. Zet de chocoladetaart op een taartplateau om hem te serveren. Je maakt de taart af met een vel bladgoud erop. Het bladgoud kun je als vel neerleggen, maar ook verkruimelen.

CHOCOLADETAART MET WALNOOT EN KARAMEL

1 Meng de boter, poedersuiker, het amandelpoeder en zout in de kom en roer tot een egale massa. Voeg het ei toe en roer goed tot alles is vermengd.

2 Zeef de bloem en het cacaopoeder in de kom en roer tot een deeg, maar kneed het niet. Maak een bal van het deeg, bestrooi met bloem en leg de bal op bakpapier en druk het plat. Leg er een vel bakpapier overheen (zie how-to blz. 82).

3 Rol het deeg tussen het bakpapier uit tot een plak van ongeveer 3 millimeter dik en zet het deeg minimaal 50 minuten in de koelkast of 30 minuten in de vriezer.

4 Verwarm de oven voor tot 160 °C.

5 Haal de bodem uit de koelkast. Verwijder het bakpapier en snijd of steek de bodem uit en bekleed een lage taartvorm met rechte rand (22 centimeter Ø) met het deeg. Snijd een smalle strook uit en bekleed daarmee de zijkant. Zorg ervoor dat het deeg strak op de rand zit en snijd strak af. Prik met een vork gaatjes in de bodem.

6 Leg bakpapier in de taartvorm over het deeg en frommel het papier vanaf de bodem ook tegen de zijkant aan. Doe blindbakvulling in de taartvorm en bak de taartbodem in de oven in 20 minuten gaar. Haal de bodem uit de oven, verwijder bakpapier en blindbakvulling. Snijd het overtollige deeg van de taartrand af en zet de bodem apart.

VOOR 1 TAART

BODEM
- 120 g boter, op kamertemperatuur, plus extra om in te vetten
- 80 g poedersuiker
- 25 g amandelpoeder
- mespunt zout
- 45 g of 1 ei
- 190 g bloem
- 10 g cacaopoeder

VULLING
- 80 g gepelde walnoten
- 150 g melkchocolade, gehakt
- 160 g slagroom
- mespunt zout
- 115 g suiker
- 50 g boter

7 Rooster in de tussentijd voor de vulling de walnoten 10 minuten in de oven. Smelt 50 gram melkchocolade en kwast deze over de binnenzijde van de gebakken taartbodem. Doe de overige chocolade in een kom. Hak de walnoten grof.

8 Verwarm de slagroom en het zout in een steelpan tot ongeveer 80 °C, zorg ervoor dat de slagroom niet kookt.

9 Laat in een andere steelpan een kwart van de suiker rustig smelten tot het transparant is. Voeg dan weer een kwart van de suiker toe. De suiker moet nu wat gaan koelen, daarom schud je de pan en mag je niet meer roeren. Voeg zo nog een kwart van de suiker toe, blijf rustig schudden. Voeg de rest van de suiker toe en schud rustig tot er een mooie egale karamel is ontstaan (zie how-to blz. 110).

10 Giet een scheutje warme slagroom bij de karamel. Die zal gaan spetteren, maar blijf rustig roeren en voeg steeds al roerend een beetje slagroom toe tot deze op is. Breng het mengsel tegen de kook aan op laag vuur, en laat zo een paar minuten staan.

11 Voeg de overige chocolade en de walnoten toe als de karamel mooi egaal is en voeg als laatste de boter toe. Giet de walnootvulling in de taartbodem. Laat de taart 1 uur in de koelkast opstijven.

CHOCOLADE-CHEESECAKE

1 Verwarm de oven voor tot 165 °C.

2 Bekleed de bodem van een springvorm (24 centimeter Ø) met bakpapier en vet de binnenkant van de ring in. Plaats de ring op de bodem en knip het uitstekende papier af.

3 Klop met een mixer de boter met de basterdsuiker luchtig en wit op middelhoge stand. Zet de mixer in de laagste stand en voeg het ei, de bloem, het bakpoeder, de gesmolten chocolade en het zout toe. Meng tot alles opgenomen en er een egale massa is ontstaan. Giet de massa in de bakvorm en bak 20 minuten in de oven.

4 Meng voor de vulling in een kom de roomkaas, suiker en het vanille-extract met een spatel. Roer het ei erdoor.

5 Haal de taart uit de oven en giet de vulling over de bodem. Verspreid de vulling anders kan de bodem gaan vervormen. Bak de taart nog 50 minuten in de oven. Laat de taart na het bakken 3 uur afkoelen in de koelkast.

6 Maak in de tussentijd de ganache (zie how-to blz. 64). Haal de taart uit de vorm en zet op het rooster. Giet de ganache over de taart en strijk met het glaceermes glad.

VOOR 1 TAART
BODEM
- 80 g boter, op kamertemperatuur, plus extra om in te vetten
- 150 g basterdsuiker
- 65 g ei of 1½ ei
- 80 g bloem
- 2 g bakpoeder
- 50 g chocolade, gesmolten
- mespunt zout

VULLING
- 680 g roomkaas
- 150 g suiker
- 5 g vanille-extract, of vanillesuiker
- 135 g ei of 3 eieren

GANACHE
- 100 g slagroom
- 100 g chocolade 50%, gehakt
- 30 g honing
- 40 g boter

DECORATIE
- 50 g witte chocolade, gesmolten

Zie de volgende pagina voor het vervolg van dit recept.

7 Maak van bakpapier een cornetje (zie how-to blz. 91) en vul het met de gesmolten witte chocolade. Knip er een puntje af, zodat er een dunne lijn uitkomt. Maak op ongeveer 2 centimeter van de buitenrand met ronde bewegingen naar de binnenzijde van de taart toe steeds kleiner wordende cirkels, probeer dit met zo min mogelijke onderbrekingen te doen.

8 Neem een klein mesje en trek over het midden van de taart met de punt van het mes naar de zijkant waardoor de witte chocolade in de pure overloopt. Maak zo 12 lijnen of meer zodat er een soort spinnenweb ontstaat.

CHOCOLADETAART MET FRAMBOZEN

1 Meng de boter, poedersuiker, het amandelpoeder en zout in de kom en roer tot een egale massa. Roer het ei erdoor. Zeef de bloem en het cacaopoeder erboven en roer tot een deeg. Maak een bal van het deeg, bestrooi met bloem. Leg de bal op bakpapier en druk plat. Leg een vel bakpapier erover (zie how-to blz. 82). Rol het deeg uit tot een plak van ongeveer 3 millimeter dik en zet het deeg 50 minuten in de koelkast.

2 Verwarm de oven voor tot 160 °C.

3 Haal de bodem uit de koelkast. Verwijder het bakpapier en snijd of steek de bodem uit en bekleed een lage bakvorm met rechte rand (22 centimeter Ø) met het deeg. Snijd een smalle strook uit en bekleed daarmee de zijkant. Zorg dat het deeg strak op de rand zit en snijd af. Prik met een vork gaatjes in de bodem.

4 Leg bakpapier over het deeg en druk het papier vanaf de bodem ook tegen de zijkant aan. Doe blindbakvulling in de taartvorm en bak de taartbodem in 20 minuten gaar. Haal uit de oven, verwijder bakpapier en blindbakvulling. Snijd het overtollige deeg van de taartrand af en zet de bodem apart.

VOOR 1 TAART

BODEM
- 120 g boter, op kamertemperatuur, plus extra om in te vetten
- 80 g poedersuiker
- 25 g amandelpoeder
- mespunt zout
- 45 g ei of 1 ei
- 190 g bloem
- 10 g cacaopoeder

VULLING
- 140 g pure chocolade 70%
- 120 g boter
- 45 g ei of 1 ei
- 45 g eidooier
- 50 g suiker
- mespunt zout
- 60 g frambozen

Zie de volgende pagina voor het vervolg van dit recept.

5 Zet de oven op 190 °C.

6 Smelt voor de vulling de chocolade tot een temperatuur van 45 tot 50 °C. Smelt de boter in een steelpan en zorg ervoor dat hij niet gaat koken.

7 Roer het hele ei door de chocolade, maar klop er geen lucht in. Voeg in drie delen de dooiers toe, dan de suiker en het zout. Spatel goed door. Voeg in drie delen de gesmolten boter toe en meng tot een gladde massa.

8 Verdeel de frambozen over de taart en giet de vulling erover. Bak de taart 10 minuten in de oven en laat nog 15 minuten afkoelen voor het serveren.

BLACK VELVET-TAART

DIT IS EEN HEEL BIJZONDERE TAART OMDAT JE ZWARTE KLEURSTOF GEBRUIKT EN DONKER FRUIT. DE SMAAK IS ECHTER HELEMAAL NIET DONKER, WANT DE VERSE CITROEN GEEFT DE TAART EEN FRISSE EN LICHTE SMAAK.

VOOR 1 TAART
- 85 g boter, op kamertemperatuur, plus extra om in te vetten
- 240 g bloem
- 30 g cacaopoeder
- 4 g zwarte kleurstofpoeder
- 225 g suiker
- 1 g zout
- 1 g vanillepoeder
- 90 g ei of 2 eieren
- 180 g karnemelk
- 3 g wijnazijn
- 3 g baking soda
- vers donker fruit, zoals bramen of zwarte bessen

VULLING
- 1 citroen
- 300 g slagroom
- 50 g suiker
- 300 g roomkaas, op kamertemperatuur

1 Verwarm de oven voor tot 175 °C.

2 Vet 2 tot 3 taartvormen (24 centimeter Ø) in en bekleed de bodem met bakpapier. Zeef de bloem, het cacaopoeder en de zwarte kleurstofpoeder in een kom.

3 Klop in de keukenmachine de boter, suiker, het zout en vanillepoeder tot een luchtige, witte massa.

4 Zet de machine op de laagste stand en voeg een kwart van het ei toe, voeg als dit is opgenomen nog een kwart toe net zolang tot alle ei is opgenomen.

5 Meng vervolgens een kwart van de karnemelk door de massa en als het is opgenomen een kwart deel van het bloemmengsel en dan weer een kwart van de karnemelk, net zolang tot alles is opgenomen en de karnemelk en het bloemmengsel zijn verwerkt. Check de kleur: als deze grijs is, moet er nog meer zwarte kleurstof bij.

6 Meng in een kommetje de wijnazijn met baking soda tot het gaat bruisen en voeg dit als laatste toe aan de massa. Klop het geheel op een hogere snelheid nog een keer goed door tot een luchtig geheel.

Zie de volgende pagina voor het vervolg van dit recept.

7 Verdeel het mengsel in delen over twee of drie bakvormen en strijk de bovenkant glad. Bak de taarten in 28 tot 35 minuten gaar. Controleer of de taart gaar is door een satéprikker in het midden te steken: als deze er schoon uit komt is de taart gaar.

8 Laat de taarten ongeveer 15 minuten rusten en keer ze dan om op een rooster, verwijder het bakpapier en laat de taarten afkoelen in de koelkast.

9 Boen voor de vulling de citroen goed schoon en rasp de citroenschil. Snijd de citroen door en knijp 10 gram citroensap uit. Klop de slagroom met de suiker lobbig. Klop in een andere kom de roomkaas met de citroenrasp en het sap lobbig en spatel rustig de slagroom door de roomkaas.

10 Snijd, als de taarten zijn afgekoeld tot ongeveer 8 °C, van een van de taarten een dun laagje van de bovenkant af, dat is nodig als decoratie.

11 Leg de nog hele taartbodem op een serveerbord en smeer de helft van de vulling erop. Gebruik het glaceermes om de vulling gelijkmatig te verdelen.

12 Leg de andere taart op de vulling en verdeel daar de rest van de vulling over. Als je drie taarten hebt gebakken, maak je nóg een laag. Verkruimel tot slot de afgesneden plak over de taart en verdeel het fruit erover.

13 Laat de taart nog even afkoelen in de koelkast en snijd hem dan direct aan, want deze taart is vers natuurlijk het allerlekkerst.

TIPS Als zwarte kleurstof niet te verkrijgen is, dan kun je noritpoeder gebruiken. Dit is in de basis gemalen koolstof.

Voor de taart op de foto zijn dubbele hoeveelheden gebruikt.

IN BETWEEN LOVE CHOCOLATE-CAKE

1 Gebruik als taart de bevroren basis van de Chocoladetaart (zie recept blz. 168).

2 Doe de witte chocolade in een grote kom. Meng in een andere kom 90 gram koud water met het gelatinepoeder.

3 Kook 160 gram water met de glucosestroop en suiker, roer goed met een garde. Doe de abrikozenjam erbij en kook tot een temperatuur van 103 °C.

4 Haal de pan van het vuur en voeg de gecondenseerde melk en de gelatine toe. Giet deze massa over de witte chocolade en meng met de staafmixer tot een gladde glazuur zonder luchtbellen.

5 Giet de helft (ongeveer 500 gram) in een maatbeker en zeef de cacaopoeder erbij. Meng met de staafmixer tot het de mooie donkerbruine kleur van stroop heeft. Mocht de kleur te licht zijn, zeef er dan eventueel zwarte kleurstof of meer cacaopoeder bij. Doe het mengsel in een wegwerpspuitzak en knoop deze dicht.

6 Maak de staafmixer schoon en zeef de witte kleurstof boven de kom met het nog lichtgele glazuur en meng tot het glazuur wit wordt.

VOOR 1 TAART
- 210 g witte chocolade, fijngehakt
- 18 g gelatinepoeder
- 185 g glucosestroop
- 120 g suiker
- 160 g abrikozenjam, zonder stukjes
- 115 g gecondenseerde melk
- 90 g cacaopoeder
- zwarte kleurstof
- witte kleurstof, poeder
- oranje kleurstof, poeder of gel
- rode kleurstof, poeder of gel

Zie de volgende pagina voor het vervolg van dit recept.

7 Verdeel deze massa over 2 kommen en zeef de oranje kleur boven de ene kom en de rode boven de andere kom. Meng goed met de staafmixer en breng eventueel extra op kleur. Vul met elke kleur een wegwerpspuitzak en knoop dicht.

8 Zet een kleinere taartvorm ondersteboven op een bakplaat zodat het glazuur opgevangen wordt en over de taart heen kan lopen. Zet de bevroren taart op de vorm.

9 Warm eventueel de spuitzakken op in de magnetron, zorg dat het glazuur een temperatuur heeft van tussen de 30 en 35 °C. Spuit het glazuur over de taart: dit kan zigzaggend of in rechte lijnen of door grote bollen op de taart te spuiten waardoor de kleuren in elkaar zullen overlopen. Begin met als basis het donkere glazuur. Verwerk daarna de oranje en rode kleur.

10 Dribbel flink met de taart om de bovenzijde iets dunner te maken. Gebruik eventueel het glaceermes om de kleuren anders te mengen. Strijk dan in twee keer vanuit het midden over de taart om het overtollige glazuur eraf te halen. Dribbel nog een keer met de plaat tot het overtollige glazuur eraf is gelopen en strijk met het glaceermes de onderkant de taart strak.

11 Til als de taart mooi gekleurd en strak is met het glaceermes de taart van de vorm en leg hem op een schaal om terug te koelen.

WITTE CHOCOLADETAART MET SINAASAPPEL

1 Verwarm de oven voor tot 160 °C.

2 Vet de zijkant van de bakvorm (20 centimeter Ø) in en knip een rond stuk bakpapier uit en leg dit op de bodem. Leg de gekonfijte sinaasappelschillen in een rondje op de bodem van de taartvorm.

3 Was de sinaasappel met lauw water, schil met een dunschiller (probeer geen wit mee te schillen) en pers het sap eruit. Kook de schillen 1 minuut in 200 milliliter water en giet af. Kook nogmaals 200 milliliter water met de schillen, als je de schillen makkelijk tussen je vingers fijn kunt wrijven, dan zijn ze klaar. Giet de schillen af. Doe het sinaasappelsap met de schillen in de keukenmachine en maal tot een papje.

4 Bak in een koekenpan de pijnboompitten lichtbruin in een scheutje olie, let op: ze verbranden snel. Laat de pitten afkoelen op een bord.

5 Smelt de chocolade.

6 Smelt de helft van de boter. Doe de gesmolten boter met de overige boter, suiker, het citroensap en zout in de mixer en klop tot een luchtig geheel. Zet de mixer op de laagste stand en voeg de eieren, het sinaasappelpapje, de gesmolten chocolade, boekweit en de pijnboompitten toe aan het botermengsel.

VOOR 1 GLUTENVRIJE TAART
- 24 gekonfijte sinaasappelschillen (zie recept blz. 355)
- 1 sinaasappel
- 65 g pijnboompitten
- 90 g witte chocolade, fijngehakt
- 140 g boter, op kamertemperatuur, plus extra om in te vetten
- 215 g suiker
- 10 g citroensap
- 2 g zeezout
- 135 g ei of 3 eieren
- 135 g boekweitmeel
- scheutje neutrale olie

7 Giet het mengsel in de taartvorm en bak de taart 30 minuten. Laat afkoelen en keer de taart na 30 minuten om op het rooster.

CAKE EN KOFFIE, EEN SAAIERE COMBINATIE KUN JE BIJNA NIET BEDENKEN. VOOR VEEL BUITENLANDERS IS HET EEN ONBEGRIJPELIJK RITUEEL, DIE PLAK DROGE CAKE BIJ EEN KOP FILTERKOFFIE. MAAR CAKE KAN OOK HEEL LEKKER ZIJN, ZOALS DE STICKY TOFFEE CHOCOLATE PUDDING CAKE, DE CHOCOLADECANELÉS OF DE TULBAND MET CHOCOLADE. IN DIT HOOFDSTUK LEER EN ONTDEK JE HET GEHEIM VAN HET MAKEN VAN EEN ECHT GOEDE EN LEKKERE CAKE.

CAKES EN CAKEJES

CHOCOLADECANELÉS **191** CHOCOLADEMADELEINES **192** MUFFINS **194**
WHOOPIE PIES **197** ARRETJESCAKE **199** STICKY TOFFEE CHOCOLATE PUDDING CAKE **200**
ROCKY ROAD **202** CHOCOLADECAKE **204** VEGAN BROWNIE **205**
KLASSIEKE BROWNIES **206** BLONDIES **209** TULBAND MET CHOCOLADE EN ROZEN **210**
CHOCOLADE GOUDSTAVEN **213** CAKEJES VAN CHOCOLADE EN AMANDEL **214**
CITROEN-MAANZAADTULBAND MET CHOCOLADELAWINE **217**

CHOCOLADECANELÉS

1 Verwarm de oven voor tot 180 °C.

2 Snijd het vanillestokje open en schraap het zaad eruit. Kook in de pan de melk, de suiker en de boter met het vanillestokje en het vanillezaad. Roer met de garde, ook over de bodem om aanbranden te voorkomen. Haal het vanillestokje uit de melk als deze kookt, voeg de chocolade toe en roer glad.

3 Zeef in een kom de poedersuiker, het cacaopoeder en de bloem. Voeg het zout, ei en de eidooiers toe en spatel tot een glad mengsel.

4 Doe nu alles bij elkaar in één kom, voeg de rum toe en meng goed met de garde.

5 Vet de canelévormen in met boter, zet ze op een bakplaat en vul de vormen tot 5 millimeter onder de rand.

6 Bak de canelés in 35 tot 45 minuten gaar, haal ze uit de oven en laat 5 minuten rusten.

7 Haal de cakejes uit de vormen en laat ze omgekeerd op een rooster afkoelen.

VOOR CA. 20 STUKS
- 1 vanillestokje
- 500 g melk
- 100 g suiker
- 75 g boter, op kamertemperatuur, plus extra om in te vetten
- 100 g 70% pure chocolade, gehakt
- 125 g poedersuiker
- 10 g cacaopoeder
- 85 g bloem
- mespunt zout
- 90 g ei of 2 hele eieren
- 30 g of 2 eidooiers
- 20 g rum

TIP Wil je liever geen alcohol gebruiken, dan kun je de rum vervangen door rozenwater.

CHOCOLADEMADELEINES

ALS DE MADELEINES AAN DE RANDEN AL GAAR ZIJN EN JE OP DAT MOMENT DE OVENDEUR OPENT EN METEEN WEER DICHTDOET, KRIJG JE HET BEKENDE BULTJE IN HET MIDDEN VAN DE CAKEJES.

VOOR 25 STUKS
- 155 g suiker
- 135 g ei of 3 eieren
- 210 g boter, plus extra om in te vetten
- 210 g bloem
- 30 g cacaopoeder
- 6 g bakpoeder
- 60 g chocolade 70%, fijngehakt

1 Verwarm de oven voor tot 210 °C.

2 Meng in een kom de suiker en de eieren met een garde.

3 Smelt de boter.

4 Zeef de bloem, het cacaopoeder en bakpoeder boven de kom en meng goed met het ei-suikermengsel. Voeg de gesmolten boter toe en meng nog een keer goed door.

5 Vet de madeleinevorm(en) in met boter. Meng de chocoladestukjes door het beslag en verdeel het beslag over de vormen.

6 Bak de madeleines 7 minuten. Haal ze uit de vormen en laat de cakejes afkoelen op een rooster.

MUFFINS

IK HOUD VAN MUFFINS. WAARSCHIJNLIJK OMDAT ZE ME DOEN DENKEN AAN WARMTE EN GEZELLIGHEID. EEN MOOIE SCHAAL VOL MET DIE KLEINE CAKEJES DOET GEWOON IETS MET JE. EN DAN DIE EERSTE HAP… HEMELS.

1 Verwarm de oven voor tot 170 °C.

2 Zeef de bloem, het cacaopoeder en bakpoeder in een kom. Smelt de boter in een steelpan, haal de pan van het vuur en voeg de gehakte chocolade toe. Roer tot de chocolade is gesmolten en zet de kom opzij.

3 Klop met de mixer de eieren, suiker en het zout tot een schuimige massa en doe er het bloem-cacao-mengsel bij, meng goed en voeg dan de chocolade-boter toe en klop tot een mooie schuimige massa.

4 Schep de massa in de muffinvorm met een lepel of met een spuitzak. Bak de muffins in 15 minuten gaar. Controleer of de muffins gaar zijn door een satéprikker in het midden te steken: als deze er schoon uit komt dan zijn ze gaar. Laat ze afkoelen.

5 Doe een gekarteld spuitmondje in de spuitzak, draai de spuitzak een kwartslag boven het spuitmondje zodat bij het vullen de vulling er niet uit loopt.

6 Mix voor de crème de roomkaas, het citroensap en de -rasp luchtig. Voeg de honing en de slagroom toe en klop het verder luchtig; vul de spuitzak met het mengsel. Laat het in de koelkast 15 minuten opstijven. Knijp even flink in de zak tot er een homogene massa ontstaat en spuit eerst even een beetje op je vinger om te proeven.

VOOR 14 STUKS

MUFFINS
- 75 g bloem
- 25 g cacaopoeder
- 8 g bakpoeder
- 135 g boter
- 100 g chocolade 70%, gehakt
- 225 g ei of 5 eieren
- 190 g suiker
- mespunt zout

CRÈME
- 200 g roomkaas, op kamertemperatuur
- 5 g citroensap
- 2 g citroenrasp
- 60 g honing
- 100 g slagroom, opgeklopt

DECORATIE
- chocoladereep (wit, melk of puur)
- hagelslag
- vlokken
- gekleurde suikerpilletjes

7 Spuit mooie rozetten op de muffins en decoreer ze met hagelslag, vlokken of suikerpilletjes.

WHOOPIE PIES

WHOOPIES WAREN DE LIEVELINGSTRAKTATIES VAN MIJN KINDEREN. EEN WHOOPIE BESTAAT UIT TWEE ZACHTE KOEKJES MET EEN VULLING ERTUSSEN. ZE LIJKEN DUS WEL EEN BEETJE OP EEN MACARON.

VOOR 15-20 STUKS

KOEKJES
- 120 g bloem
- 80 g cacaopoeder
- 4 g bakpoeder
- 1 g zout
- 80 g boter, op kamertemperatuur
- 30 g olie
- 150 g bruine basterdsuiker
- 45 g ei of 1 ei
- half zakje vanillesuiker
- 150 g karnemelk

VULLING
- 3 g gelatinepoeder
- 90 g suiker
- 5 g citroensap
- 70 g honing
- 45 g eiwit
- half zakje vanillesuiker
- 110 g boter, op kamertemperatuur
- mespunt zout

1 Verwarm de oven voor tot 180 °C.

2 Zet een met bakpapier beklede bakplaat klaar. Zeef de bloem, het cacaopoeder, bakpoeder en zout in een kom en zet weg.

3 Mix de boter, olie en bruine basterdsuiker tot een luchtige en schuimige massa. Zet de mixer lager en voeg het ei en de vanillesuiker toe. Giet de helft van de karnemelk en de helft van het bloem-cacaomengsel erbij en meng goed tot alles is opgenomen. Voeg dan de andere helft van de karnemelk en van het bloem-cacaomengsel erbij en meng goed tot alles is opgenomen.

4 Doe het spuitmondje in de spuitzak, draai de spuitzak net boven het spuitmondje een paar keer en vul de spuitzak met het mengsel.

5 Als je op de bakplaat bollen spuit van 3 centimeter doorsnede, laat er dan ruim 3 centimeter tussen. Spuit zo ongeveer 30 tot 40 bolletjes. En bak ze 10 tot 12 minuten in de oven.

6 Meng voor de vulling de gelatine met 15 gram water in een kom en zet deze weg.

Zie de volgende pagina voor het vervolg van dit recept.

7 Kook in een steelpan 50 gram water, de suiker, het citroensap en de honing tot 127 °C.

8 Klop met een mixer het eiwit en het halve zakje vanillesuiker in een kom schuimig, maar niet stijf.

9 Haal de gelatine uit de kom, snijd in stukjes en doe de gelatine terug in de kom.

10 Haal de pan met de suikerstroop van het vuur als deze de juiste temperatuur heeft bereikt en los de gelatineblokjes er direct in op. Giet de suikerstroop in een straaltje in de kom van de mixer met schuimige eiwitten.

11 Zet de mixer op bijna de hoogste stand en mix tot het geheel qua temperatuur aanvoelt als de bovenkant van je vinger.

12 Doe de zachte boter in een kom en klop met een mixer tot deze luchtig is. Meng deel voor deel het eiwitmengsel bij de boter.

13 Doe een rond spuitmondje in de spuitzak, draai de spuitzak net boven het spuitmondje een paar keer en vul de spuitzak met het mengsel.

14 Keer de whoopie pies om en spuit een flinke dot vanilleschuim op de helft van het aantal koekjes. Leg een lege whoopie op de vulling en laat de whoopie pies even opstijven.

ARRETJESCAKE

VOOR 12 TOT 14 PLAKKEN
- 200 g boter
- 200 g koekjes
- 2 eieren
- 200 g suiker
- 50 g cacaopoeder

1 Leg platicfolie in de cakevorm en zorg ervoor dat er voldoende folie aan de zijkanten uitsteekt, zodat de folie straks over de cake kan worden gevouwen.

2 Smelt de boter tot deze vloeibaar is, maar laat hem niet laten koken.

3 Leg koekjes op een theedoek, vouw deze dicht en sla de koekjes met de onderkant van een (schone) koekenpan in kleine stukjes.

4 Doe de eieren, suiker en het cacaopoeder in een kom en meng goed met de mixer. Voeg de gesmolten boter toe en blijf mixen tot een dik vloeibaar geheel. Roer dan de koekstukjes erdoor.

5 Vul de cakevorm en druk het deeg aan met de pannenlikker, sluit de vorm af met het folie en druk de bovenzijde nog even plat met de hand. Laat de cake in de koelkast afkoelen.

6 Na 3 uur is de cake stevig. Haal het folie eraf, keer de vorm om, klop de cake uit de vorm en verwijder de rest van het folie.

TIP Snijd de cake in de dunne plakken, lekker voor bij de koffie.

STICKY TOFFEE CHOCOLATE PUDDING CAKE

1 Zet de oven op 180 °C

2 Doe de dadels in een pan met 125 milliliter water en laat 10 minuten zachtjes koken. Haal de pan van het vuur en laat het geheel afkoelen.

3 Vet een springvorm (20 centimeter Ø) in met boter, bekleed de bodem met bakpapier en zet de ring eroverheen. Knip het overtollige papier eraf.

4 Klop de boter, suiker en het zout in de mixer tot een luchtige massa.

5 Voeg in drie delen de eieren toe en klop ze er goed door. Meng als laatste de gesmolten chocolade erdoor.

6 Zeef de bloem en het bakpoeder boven de pan met water en dadels en roer tot een pap. Voeg dit bij het chocolademengsel en klop tot een schuimige massa. Giet de massa in de springvorm en bak in 50 minuten gaar. Controleer of de cake gaar is door een satéprikker in het midden te steken; als deze er schoon uit komt is de cake gaar.

7 Verwarm voor de saus de slagroom met het opengesneden vanillestokje, maar laat het niet koken.

8 Doe de suiker, 10 gram water en het citroensap in een steelpan en schud de pan tot er een mooie karamel ontstaat. Giet er rustig de warme slagroom bij (pas op: het kan spetteren). Voeg de basterdsuiker, boter en het zout toe en laat al roerend 4 tot 6 minuten rustig koken. Giet de saus in een schenkkan.

VOOR 1 CAKE

BESLAG
- 125 g dadels, ontpit
- 125 g boter, plus extra boter om in te vetten
- 75 g bruine basterdsuiker
- 1,5 g zout
- 125 g ei of 3 eieren
- 50 g chocolade 70%, gesmolten
- 125 g bloem
- 5 g bakpoeder

SAUS
- 115 g slagroom
- half vanillestokje
- 140 g suiker
- 10 g citroensap
- 140 g bruine basterdsuiker
- 50 g boter
- mespunt zout

9 Haal de sticky toffee pudding cake uit de taartvorm, serveer op een bord met de saus en wacht niet te lang met opeten.

ROCKY ROAD

1 Vet een rechthoekige brownievorm (28x19 centimeter) in met een heel dun laagje olie. Leg plasticfolie in de vorm en zorg ervoor dat er voldoende folie aan de zijkanten uitsteekt, zodat het folie straks over de cake kan worden gevouwen.

2 Hak de pure- en de melkchocolade in stukken. Smelt al roerend de chocolade au bain-marie (zie how-to blz. 62). Haal de kom van de pan als ongeveer viervijfde van de chocolade gesmolten is.

3 Hak de noten grof. Leg koekjes op een theedoek, vouw deze dicht en sla de koekjes met de onderkant van een (schone) koekenpan in kleine stukjes.

4 Meng de boter en honing door de gesmolten chocolade. Voeg daarna de koekjes, noten, marshmallows en M&M's toe, meng goed en giet de massa in de vorm. Druk met de pannenlikker de bovenzijde vlak en dek af met plasticfolie.

5 Laat de brownie in de koelkast in 1 uur afkoelen. Verwijder het plasticfolie. Stort de brownie uit de vorm op de snijplank en snijd hem in de gewenste stukken. Leg de brownies op een serveerschaal.

VOOR 1 STUK

- 300 g chocolade 70%
- 100 g melkchocolade
- 150 g geroosterde noten
- 175 g koekjes
- 150 g boter
- 60 g honing
- 150 g kleine marshmallows
- 75 g M&M's
- olie, om in te vetten

CHOCOLADECAKE

1 Verwarm de oven voor tot 190 °C.

2 Zeef boven een kom de bloem, het amandelmeel, cacaopoeder en bakpoeder. Vet de cakevorm in met boter en bekleed met bakpapier.

3 Verwarm de slagroom tot aan het kookpunt. Voeg de chocolade bij de slagroom en roer glad. Smelt de boter in een steelpannetje. Klop met een garde de eieren, suiker en honing tot een wit mengsel. Voeg het chocolademengsel toe aan de eieren en meng goed.

4 Spatel het bloemmengsel in delen voorzichtig door de chocolademassa en voeg op het laatst de gesmolten boter toe. Het beslag moet mooi glanzend zijn.

5 Verdeel de massa over de cakevorm en bak in de oven in 35 minuten gaar op 155 °C. Controleer of de cake gaar is door een satéprikker in het midden te steken: als deze er schoon uit komt is de cake gaar.

6 Stort de cake uit het blik op een rooster en laat afkoelen. Snijd de cake in plakken en serveer met een lekkere dot slagroom.

VOOR 2 STUKS

- 100 g bloem
- 60 g amandelmeel
- 20 g cacaopoeder
- 7 g bakpoeder
- 60 g boter, gesmolten, plus extra om mee in te vetten
- 100 g slagroom
- 40 g pure chocolade 70%
- 3 eieren
- 100 g suiker
- 60 g honing

EXTRA

- opgeklopte slagroom voor bij de cake

VEGAN BROWNIE

1 Vet de brownievorm in met boter en bekleed hem met bakpapier.

2 Maal de hazelnoten in de keukenmachine tot een pasta. Doe de walnoten in de keukenmachine en maal tot een grove pasta. Doe de dadels, het cacaopoeder, de kandijstroop, vanille en het zout erbij en meng het geheel tot een grove pasta. Verdeel de pasta over de brownievorm en maak mooi gelijkmatig glad.

3 Meng voor de ganache in een kom de amandelmelk, kokosbloesemsuiker en de kokosolie met een spatel tot een homogene pasta. Voeg de gesmolten chocolade toe, meng goed door en giet de ganache over de dadelvulling.

4 Laat de brownie in de koelkast stevig worden en snijd vervolgens in stukken zo groot als je zelf wilt.

5 Garneer eventueel met wat cacaonibs en zoutflakes.

VOOR CA. 16 STUKS

- 385 g hazelnoten, geroosterd en vliesjes verwijderd
- 185 g walnoten, geroosterd en vliesjes verwijderd
- 470 g dadels, ontpit
- 90 g cacaopoeder
- 30 g kandijstroop
- 4 g vanillepoeder
- 1,5 g zout

GANACHE

- 100 g amandelmelk
- 55 g kokosbloesemsuiker
- 50 g kokosolie
- 210 g pure chocolade 70%, gesmolten ± 40 °C

EXTRA

- cacaonibs
- zoutflakes, liefst gerookte

KLASSIEKE BROWNIES

1 Verwarm de oven voor tot 170 °C.

2 Leg de walnoten op een bakplaat en rooster ze 10 minuten in de oven terwijl deze heet wordt.

3 Vet een brownievorm (ongeveer 24x30 centimeter) in en bekleed hem met bakpapier; zorg ervoor dat de hele vorm bedekt is.

4 Smelt in een steelpan de helft van de boter, haal de pan van het vuur als de boter gesmolten is.

5 Klop met de mixer de boter, gesmolten boter, basterdsuiker, vanillesuiker en het zout luchtig en wit.

6 Zet de mixer op de laagste stand en voeg een voor een de eieren, bloem, het bakpoeder, de walnoten en de gesmolten chocolade toe. Zorg ervoor dat elk ingrediënt is opgenomen voor je het andere ingrediënt toevoegt. Zet de machine absoluut niet op te hoge snelheid, want de eieren mogen niet luchtig worden.

7 Vul de brownievorm met het mengsel en bak de brownie in de oven in circa 25-30 minuten gaar. Het is belangrijk dat de brownie niet te gaar wordt.

8 Laat de brownie 1 uur afkoelen en snijd vervolgens in stukken zo groot als je zelf wilt.

VOOR 12-24 STUKS

- 100 g walnoten, gebroken
- 160 g boter, op kamertemperatuur, plus extra om in te vetten
- 300 g basterdsuiker
- 1 g vanillesuiker
- mespunt zout
- 135 g ei of 3 eieren
- 160 g bloem
- 3 g bakpoeder
- 100 g chocolade 70%, gesmolten tot 35 °C

BLONDIES

DIT IS DE MINDER SERIEUZE VARIANT VAN ONZE VERRUKKELIJKE BROWNIE. EEN VERLEIDELIJKE LEKKERNIJ, SOEPEL EN MAKKELIJK. JE KUNT ER ALLES BIJ DRINKEN, MAAR IK ADVISEER EEN GOEDE ESPRESSO OM HET ZOETE TE COMPENSEREN.

VOOR 12-24 STUKS

- 50 g pistachenoten, grof gehakt
- 75 g macadamianoten, grof gehakt
- 160 g boter, op kamertemperatuur, plus extra om in te vetten
- 300 g basterdsuiker
- 1 g vanillesuiker
- mespunt zout
- 135 g ei of 3 eieren
- 160 g bloem
- 3 g bakpoeder
- 150 g witte chocolade, gesmolten tot 35 °C

1 Verwarm de oven voor tot 170 °C.

2 Leg de pistachenoten en de macadamianoten op een bakplaat en rooster ze 10 minuten in de oven terwijl deze heet wordt.

3 Vet een brownievorm (ongeveer 24x30 centimeter) in en bekleed hem met bakpapier; zorg ervoor dat de hele vorm bedekt is.

4 Smelt in een steelpan de helft van de boter, haal de pan van het vuur als de boter gesmolten is.

5 Klop met de mixer de boter, gesmolten boter, basterdsuiker, vanillesuiker en het zout luchtig en wit.

6 Zet de mixer op de laagste stand en voeg een voor een de eieren, bloem, het bakpoeder, alle noten en de gesmolten chocolade toe. Zorg ervoor dat elk ingrediënt is opgenomen voor je het andere ingrediënt toevoegt. Zet de machine absoluut niet te hard, want de eieren mogen niet luchtig worden.

7 Vul de brownievorm met het mengsel en bak de brownie in de oven in circa 25-30 minuten gaar. Het is belangrijk dat de brownie niet te gaar wordt.

8 Laat de brownie 1 uur afkoelen en snijd vervolgens in stukken zo groot als je zelf wilt.

TULBAND MET CHOCOLADE EN ROZEN

HEERLIJKE GLUTENVRIJE MINICAKEJES, BOMVOL SMAAK EN STRUCTUUR. ZE ZIJN EEN FEESTJE OM TE MAKEN EN OM CADEAU TE GEVEN.

1 Verwarm de oven voor tot 80 °C. Bekleed een bakplaat met bakpapier.

2 Maak als eerste de rozenblaadjes. Meng hiervoor het eiwit met de poedersuiker en klop met de garde schuimig. Haal de blaadjes van de rozen en strijk met een kwastje de rozenblaadjes per stuk aan beide kanten in met het ei.

3 Leg ze op de bakplaat met bakpapier en laat de blaadjes 30 minuten in de oven of droogkast drogen en knapperig worden.

4 Maak vervolgens de rozensiroop. Verhit het citroensap, de suiker en het rozenwater in een steelpan en laat even kort koken. Giet de siroop in een kom en laat afkoelen.

5 Smelt voor de cakejes in de steelpan de boter en los de chocolade erin op. Roer goed door met een garde, ook over de bodem, tegen het aanbranden.

VOOR 10-12 STUKS

DEEG
- 160 g boter, in blokjes
- 200 g chocolade 70%, gehakt
- 160 g amandelmeel
- 160 g suiker
- 75 g eidooier
- 25 g rozenwater
- 150 g eiwit
- 1 g zout

GLAZUUR
- 50 g volle melk
- 250 g poedersuiker, gezeefd
- 30 g boter, op kamertemperatuur
- rode kleurstof

ROZENBLAADJES
- 30 g eiwit of 1 eiwit
- 25 g poedersuiker
- 3 onbespoten rozen (verkrijgbaar bij de bloemist)

SIROOP
- 100 g citroensap
- 100 g suiker
- 80 g rozenwater

EXTRA
- pistachenoten, gehakt

6 Doe het amandelmeel, 80 gram suiker, de eidooier, het rozenwater en de chocoladeboter in een kom en meng goed.

7 Mix het eiwit met het zout luchtig en voeg de overige 80 gram suiker toe. Klop in 3 minuten tot een stevig schuim.

8 Spatel het schuim door het chocolademengsel en vul er een (wegwerp)spuitzak mee. Knip een gaatje in de spuitzak en spuit het mengsel in kleine tulbandvormen of in muffinvormen tot net onder de rand.

9 Haal de rozenblaadjes uit de oven als ze krokant zijn en zet de oven op 160 °C. Bak de cakejes, als de oven op temperatuur is, in 20 tot 25 minuten gaar. Controleer of de cakejes gaar zijn door een satéprikker in het midden te steken; als deze er schoon uit komt zijn ze gaar.

10 Haal de cakejes na 15 minuten uit de bakvorm, leg ze op een rooster en laat afkoelen.

11 Maak in de tussentijd het glazuur. Verwarm de melk tot ongeveer 50 °C. Roer met een garde de poedersuiker door de warme melk en voeg de boter toe. Voeg naar wens de rode kleurstof toe.

12 Decoreer met een kwastje de cakejes met de rozensiroop, maar overdrijf het niet. Schep het glazuur over de cakejes zodat het een beetje over de rand druppelt en strooi er wat pistachenootjes op. Decoreer met de rozenblaadjes en laat de cakejes een kwartier opstijven voor het serveren.

CHOCOLADE GOUDSTAVEN

1 Verwarm de oven voor tot 180 °C.

2 Zeef de bloem, poedersuiker, het amandelmeel en cacaopoeder boven een kom. Voeg de eiwitten toe en meng het geheel met de garde.

3 Meng de gesmolten boter er goed door en vul daarna 10 rechthoekige mini-cakevormen.

4 Bak de cakejes 12 minuten in de oven. Stort na het bakken de cakejes op een rooster en laat ze afkoelen.

5 Kook de slagroom in een steelpan en smelt hierin de chocolade. Roer glad en breng de chocolade op een temperatuur van tussen de 30 tot 35 °C. Voeg dan de boter toe en meng goed met de staafmixer tot een gladde ganache.

6 Serveer de cakejes met de nog lauwwarme ganache.

VOOR CA. 10 STUKS

- 70 g bloem
- 160 g poedersuiker
- 70 g amandelmeel
- 30 g cacaopoeder
- 180 g eiwit
- 100 g boter, gesmolten
- 120 g slagroom
- 80 g pure chocolade 70%
- 25 g boter, op kamertemperatuur, in blokjes

CAKEJES VAN CHOCOLADE EN AMANDEL

DIT IS EEN IDEAAL BASISRECEPT. AMANDELEN EN CHOCOLADE COMBINEREN ALTIJD HEEL GOED, MAAR JE KUNT VERSCHILLENDE INGREDIËNTEN NAAR KEUZE TOEVOEGEN EN ER HELEMAAL JE EIGEN DRAAI AAN GEVEN.

VOOR 25 STUKS
- 45 g bloem
- 3 g bakpoeder
- 75 g boter
- 115 g melkchocolade
- 180 g amandelen
- 140 g suiker
- mespunt zout
- 15 g sterkedrank naar keuze
- 180 g ei of 4 eieren

1 Verwarm de oven voor tot 165 °C.

2 Zeef de bloem en het bakpoeder boven een kom.

3 Smelt de boter in een steelpan, maar laat hem niet koken. Haal de pan van het vuur, smelt de chocolade in de warme boter en roer tot een gladde massa. Laat op een warme plek staan.

4 Hak de amandelen in de keukenmachine grof. Schep 60 gram in een kommetje en zet weg. Voeg 80 gram suiker, het zout en de sterkedrank toe aan de amandelen in de kom van de keukenmachine en meng tot een smeuïge spijs. Spatel de spijs in een kom.

5 Verwarm al kloppend met een garde de eieren met 60 gram suiker au bain-marie tot 50 °C.

6 Spatel nu beetje voor beetje de eieren door de amandelspijs: het moet een homogene massa worden. Spatel dan de bloem en het bakpoeder erdoor.

7 Spatel als laatste het chocolademengsel erdoor tot er een homogene massa ontstaat. Vul de (wegwerp)spuitzak met de massa. Knip er een stukje af en vul silikonen bakvormpjes voor drie vierde met de chocolademassa, want het beslag gaat nog rijzen. Strooi de gemalen amandelen over de cakejes.

8 Bak de cakejes in 14 minuten gaar. Controleer of de cakejes gaar zijn door een satéprikker in het midden te steken: als deze er schoon uit komt zijn ze gaar.

9 Haal de cakejes uit de oven en laat ze 5 minuten rusten. Haal de cakejes uit hun vormpje en laat ze afkoelen op een rooster.

CITROEN-MAANZAADTULBAND MET CHOCOLADELAWINE

VOOR 8 PERSONEN

- 200 g boter, gesmolten, plus extra om in te vetten
- 3 citroenen, rasp
- 12 g maanzaad
- 170 g bloem
- 30 g amandelmeel
- 6 g bakpoeder
- 200 g ei of 4,5 eieren
- 2 g zout
- 300 g suiker

CITROENSIROOP

- 135 g citroensap
- 100 g suiker

CHOCOLADELAWINE

- 150 g slagroom
- 15 g honing
- 15 g citroensap
- 135 g chocolade 70%, fijngehakt

EXTRA

- poedersuiker, om te decoreren

1 Verwarm de oven voor tot 160 °C.

2 Beboter de tulband of cakevorm als deze niet van siliconen is en bekleed hem met bakpapier.

3 Meng de gesmolten boter met de citroenrasp en de maanzaad en zet opzij. Zeef de bloem, het amandelmeel en bakpoeder in een kom. Mix de eieren, het zout en 200 gram suiker wit en schuimig.

4 Spatel het bloemmengsel door de eieren en spatel daarna het boter-maanzaadmengsel erdoor. Vul de bakvorm voor drievierde met het mengsel en bak de tulband in 40 tot 50 minuten gaar. Controleer of de tulband gaar is door een satéprikker in het midden te steken: als deze er schoon uit komt is de tulband gaar.

5 Laat de tulband 15 minuten rusten. Haal dan uit de bakvorm en laat afkoelen op een rooster.

6 Verhit voor de citroensiroop het citroensap met 100 gram suiker tot de suiker is opgelost tot en de siroop handwarm is.

7 Verhit voor de chocoladelawine in een steelpan de slagroom, honing en het citroensap tot het kookpunt. Voeg de chocolade toe en roer met een garde tot een lobbige saus; voeg nog wat chocolade toe als de saus te waterig is.

8 Overgiet de tulband met de citroensiroop en laat even intrekken. Overgiet daarna de tulband met de chocoladelawine. Zeef als de chocolade droog is de poedersuiker erover.

NIET VOOR NIETS ZIJN DE NEDERLANDSE KOEKJES BEROEMD IN HET BUITENLAND. EN MET DE HEERLIJKE CHOCOLADEKOEKJES IN DIT HOOFDSTUK GAAN WE OOK DE WERELD VEROVEREN. EEN LIEFHEBBER VAN GEMBER? MAAK DAN VOORAL DE CHOCOLADEKOEKJES MET GEMBER. DIE ZIJN ZO ONGELOOFLIJK LEKKER. VERGEET NIET DE CHOCOLADEKOEKJES MET KARAMEL TE MAKEN. JE KUNT ZE NIET LANG BEWAREN, DUS 'HELAAS' MOET JE ZE SNEL ETEN. DE KOEKJES UIT DIT HOOFDSTUK ZIJN ECHT KLEINE MOMENTJES VAN PUUR GELUK.

KOEKJES

CHOCOLATE CHIP COOKIES **221** ZANDKOEKJES MET CHOCOLADE **222**
CHOCOLADEKOEKJES MET GEMBER **224** CHOCOLADE-CANTUCCINI **226**
CHOCOLADE-AMANDELKROKANT **229** MACARONS MET CHOCOLADE **230**
OREO-KOEKJES **233** CHOCOLADEKOEKJES MET KARAMEL **234** FLORENTINES **236**
CHOCOLADE-BOTERKOEK **237** CHOCOLADE-BOTERKOEK MET HAZELNOOT **239**
PAIN D'AMANDE **240** AMANDELKRULLEN MET NIBS **242**

CHOCOLATE CHIP COOKIES

DEZE VAN OORSPRONG AMERIKAANSE KOEKJES ZIJN NIET MEER WEG TE DENKEN UIT DE NEDERLANDSE SUPERMARKTEN. DE LEKKERSTE SOORT IS EEN KOEKJE MET EEN KROKANTE BUITENKANT EN EEN TAAIE BINNENKANT MET EEN BEETJE GESMOLTEN CHOCOLADE VANBINNEN.

VOOR 35 STUKS
- 180 g boter, op kamertemperatuur
- 130 g witte of bruine basterdsuiker
- 45 g ei of 1 ei
- rasp van een ½ citroen
- 2 g zout
- 180 g bloem
- 5 g bakpoeder
- 165 g gemengde noten, grof gehakt
- 165 g chocolade, grof gehakt

1 Verwarm de oven voor tot 170 °C. Bekleed een bakplaat met bakpapier.

2 Meng in een kom de zachte boter en de basterdsuiker. Voeg het ei, de citroenrasp en het zout toe en roer goed door.

3 Zeef de bloem en het bakpoeder in een kom en roer dit door het botermengsel. Voeg vervolgens de noten en chocolade toe en roer ook dit goed door.

4 Verdeel het deeg over de bakplaat in kleine bolletjes van ongeveer 25 gram en druk ze iets plat. Zorg ervoor dat de koekjes niet te dicht bij elkaar liggen.

5 Bak de koekjes in 12 minuten gaar en krokant aan de buitenkant maar zacht vanbinnen.

ZANDKOEKJES MET CHOCOLADE

1 Verwarm de oven voor tot 170 °C.

2 Mix de boter, poedersuiker met het zout in een kom. Spatel de bloem en het cacaopoeder erdoor tot een samenhangend deeg.

3 Druk het deeg plat in de kom en laat het 30 minuten opstijven in de koelkast.

4 Bestuif het werkblad met niet te veel bloem. Rol het deeg uit en steek de koekjes uit het deeg. Kneed het deeg weer tot een bal, rol het uit en steek de volgende lading koekjes uit. Blijf hiermee doorgaan tot al het deeg op is.

5 Bak ze in 15 minuten gaar in de voorverwarmde oven.

VOOR 50-60 STUKS

- 240 g boter, op kamertemperatuur, in blokjes
- 140 g poedersuiker
- 4 g zout
- 240 g bloem, gezeefd
- 30 g cacaopoeder
- bloem, om mee te bestuiven

CHOCOLADEKOEKJES MET GEMBER

GEMBER IS EEN VAN DE GEZONDSTE SPECERIJEN TER WERELD. DAARNAAST GEEFT GEMBER DIT KOEKJE PIT EN HET CACAOPOEDER MAAKT HET HELEMAAL AF TOT EEN PERFECTE LEKKERNIJ.

1 Schaaf de bevroren gember in de keukenmachine met de fijnste rasp tot een gemberpapje of rasp de gember met de hand. Voeg de boter en suiker toe en meng luchtig.

2 Zet de machine op de laagste stand en voeg de eidooier toe en voeg – als de dooier is opgenomen – de bloem, het cacaopoeder, bakpoeder, zout en de peper toe. Meng tot een deeg.

3 Rol het deeg tussen bakpapier uit tot 7 millimeter dikte. Zet het deeg 30 minuten in de koelkast.

4 Verwarm de oven voor tot 170 °C.

5 Haal het deeg uit de koelkast en steek rondjes uit het deeg. Druk voor het uitsteken de koekjessteker of -stempel (zie Tip) in de bloem en tik het overtollige bloem eraf. Druk de stempel stevig in het deeg en haal de stempel omhoog. Steek met de ronde steker het koekje eruit als de afbeelding er goed in zit.

VOOR 40 TOT 50 STUKS

DEEG
- 80 g gember, bevroren en geschild
- 135 g boter, op kamertemperatuur
- 300 g suiker
- 30 g eidooier of 2 eidooiers
- 375 g bloem, gezeefd, plus extra om mee te bestuiven
- 15 g cacaopoeder
- 7 g bakpoeder
- 2 g zout
- 1 g gemalen zwarte peper

GLAZUUR
- 12 g citroensap
- 25 g boter, gesmolten
- 1 g kaneelpoeder
- 130 g poedersuiker
- kleurstof, optioneel

TIP Je kunt in plaats van een koekjessteker ook een koekjesstempel gebruiken. Die kun je laten maken met een logo, een plaatje of een boodschap erop.

6 Leg de koekjes op de bakplaat met bakpapier met een tussenruimte van 2 centimeter. Bak de koekjes in 10 tot 14 minuten gaar als de plaat vol is. Haal de koekjes uit de oven en laat ze afkoelen. Rol de rest van het deeg uit en blijf uitsteken en bakken tot het deeg op is.

7 Maak in de tussentijd het glazuur. Meng citroensap, boter, kaneelpoeder en poedersuiker in een kom. Roer met een garde tot het de dikte heeft van honing. Doe er wat druppels water bij als het glazuur te dik is. Voeg eventueel wat druppels kleurstof toe.

8 Bestrijk met een kwast de koekjes met glazuur 5 minuten nadat ze uit de oven zijn gekomen.

TIP Schil verse gember, vries in en rasp de bevroren gember. Op deze manier voorkom je dat er draadjes in de gember komen.

CHOCOLADE-CANTUCCINI

1 Verwarm de oven voor tot 180 °C. Bekleed een bakplaat met bakpapier.

2 Meng in een grote kom de boter, basterdsuiker, het vanille-extract en zout met de spatel tot een glad geheel. Roer de eieren erdoor en schep lepel voor lepel de bloem erbij, blijf goed roeren, en voeg als laatste de chocolade toe.

3 Verdeel het deeg over de bakplaat in 2 lange stroken van ongeveer 6 centimeter breed en 25 centimeter lang met 6 centimeter tussenruimte.

4 Bak de stroken in 30 minuten gaar.

5 Doe de oven uit. Haal de bakplaat uit de oven en snijd de stroken in 25 plakjes per strook. Plaats de bakplaat terug in de oven en laat de koekjes liggen tot de oven is afgekoeld.

VOOR 50 KOEKJES

- 170 g boter, op kamertemperatuur
- 250 g basterdsuiker
- 7 g vanille-extract
- 1 g zout
- 90 g ei of 2 eieren
- 370 g Italiaanse 00-bloem
- 170 g pure chocolade, fijngehakt

TIP Dip de koekjes in de koffie of eet ze als dessert met een glas vin santo.

CHOCOLADE-AMANDELKROKANT

1 Verwarm de oven voor tot 160 °C. Bekleed een bakplaat met bakpapier.

2 Rooster de amandelen 10 minuten in de oven. Haal de amandelen uit de oven en hak ze met een koksmes in stukjes en doe de amandelstukjes in een kom.

3 Meng in een hittebestendige kom de poedersuiker, het cacaopoeder en eiwit met een garde tot een gladde massa. Zet de kom op een pan met kokend water en verhit het mengsel al roerend tot een temperatuur van 75 °C. Voeg de amandelstukjes toe aan het mengsel.

4 Schep met een eetlepel ronde hoopjes van ongeveer 6 tot 7 centimeter van het deeg op de bakplaat. Bak de krokantjes in 40 tot 50 minuten op 160 °C gaar.

VOOR CA. 25 STUKS
- 250 g amandelen
- 250 g poedersuiker
- 20 g cacaopoeder
- 75 g eiwit

MACARONS MET CHOCOLADE

1 Verwarm de oven voor tot 140 °C. Bekleed een bakplaat met bakpapier.

2 Doe de poedersuiker, het cacaopoeder en amandelmeel in de kom van de keukenmachine. Zet de machine ongeveer 30 seconden aan en zeef het mengsel vervolgens boven een stuk bakpapier.

3 Kook 50 gram water met de kristalsuiker tot een temperatuur van 110 °C.

4 Mix 50 gram eiwit stijf en giet het hete suikerwater erbij. Laat het mengsel al roerende tot 45 °C afkoelen.

5 Zet de mixer uit als het mengsel de juiste temperatuur heeft. Roer er met een spatel het overige eiwit door. En meng – als het eiwit is opgenomen – stevig het cacaopoedermengsel erdoor tot er een vloeibare massa ontstaat, die als een lint van een spatel af loopt.

6 Doe het spuitmondje in de spuitzak, draai de spuitzak boven de spuitmond dicht zodat de vulling niet uit de spuitzak loopt. Vul de spuitzak met het mengsel.

7 Spuit gelijkmatige doppen op de bakplaat met genoeg tussenruimte want de doppen kunnen uitlopen. Dribbel (zie how-to blz. 79) de plaat op het werkvlak zodat de doppen iets uitvloeien. Laat de bakplaat 30 minuten staan. Bak de macarons in de oven in ongeveer 12 minuten gaar.

VOOR 40-50 STUKS
- 150 g poedersuiker
- 25 g cacaopoeder
- 125 g amandelmeel
- 150 g kristalsuiker
- 100 g eiwit

GANACHE
- 120 g slagroom
- 100 g chocolade 70%, fijngehakt
- 80 g melkchocolade 40%, fijngehakt

8 Kook voor de ganache de slagroom. Haal de pan van het vuur en voeg de gehakte chocolade toe. Roer tot een egale massa. Vul een spuitzak en laat afkoelen.

9 Keer de helft van de macarons om als ze zijn afgekoeld. Spuit de vulling op een macaron en leg daar een andere macaron op. Laat de macarons afkoelen.

OREO-KOEKJES

1 Verwarm de oven voor tot 170 °C. Bekleed een bakplaat met bakpapier.

2 Meng de boter, bloem, zwarte kleurstofpoeder, cacaopoeder en het bakpoeder in een kom tot een kruimelig deeg. Voeg de suiker en het zout toe en meng niet te lang, anders wordt het deeg taai.

3 Maak een bal van het deeg en bestrooi deze met bloem. Leg de deegbal op een stuk bakpapier en druk hem plat. Leg er een stuk bakpapier overheen (zie how-to blz. 82).

4 Rol het deeg tussen het bakpapier uit tot een rechthoekige plak van ongeveer 3 millimeter dik. Laat het deeg in de koelkast 30 minuten rusten.

5 Steek met een ronde koekjessteker van 4 tot 5 centimeter het deeg uit en verdeel de koekjes over de bakplaat. Bak de koekjes in 15 tot 20 minuten gaar. Laat ze daarna afkoelen. Rol de rest van het deeg uit en blijf uitsteken en bakken tot het deeg op is.

6 Snijd voor de vulling het vanillestokje doormidden en schraap het zaad eruit. Klop met een garde of mixer het eiwit, de poedersuiker en het vanillezaad stijf. Voeg de boter toe en mix tot een luchtige crème.

7 Schep de crème in een (wegwerp)spuitzak, knip de punt eraf en spuit kleine bolletjes op de helft van de afgekoelde koekjes en leg er een ander koekje op.

VOOR 25 TOT 30 STUKS

- 200 g boter, gekoeld, in blokjes
- 230 g bloem, plus extra om te bestuiven
- 10 g zwarte kleurstofpoeder
- 65 g cacaopoeder
- 2 g bakpoeder
- 150 g suiker
- 3 g zout

VULLING

- 1 vanillestokje
- 40 g eiwit
- 200 g poedersuiker, gezeefd
- 50 g boter, op kamertemperatuur, in blokjes

CHOCOLADEKOEKJES MET KARAMEL

1 Meng voor de karamel 240 gram suiker, 50 gram water en het citroensap met een garde. Kook het mengsel tot een temperatuur van 175 °C. Roer niet in de karamel om te voorkomen dat er korreltjes ontstaan.

2 Breng in een andere pan de slagroom, glucosestroop, 70 gram suiker en het zout tegen de kook aan, maar laat het niet koken.

3 Vet een springvorm in met de zonnebloemolie. Zet de vorm in de vriezer.

4 Giet het roommengsel rustig bij de karamel als deze de juiste temperatuur heeft, voeg dan de boter en de melkchocolade toe en verhit het geheel terug naar 120 °C.

5 Giet 120 gram van de karamel in een hittebestendige kom en giet de rest in de ijskoude springvorm en laat in de vriezer afkoelen.

6 Verwarm de oven voor tot 180 °C.

VOOR 18-24 KOEKJES

KARAMEL

- 310 g suiker
- 10 g citroensap
- 180 g slagroom
- 80 g glucosestroop
- 1-2 g zout
- 35 g boter, op kamertemperatuur
- 100 g melkchocolade, fijngehakt
- zonnebloemolie, om mee in te vetten

KOEKDEEG

- citroenrasp
- 120 g boter, op kamertemperatuur
- mespunt zout
- 50 g melkchocolade, gesmolten
- 90 g ei of 2 eieren
- 60 g bloem
- 120 g karamel

7 Haal voor de citroenrasp 2 keer de citroen langs de rasp. Klop voor het koekdeeg de boter, het zout en de citroenrasp luchtig en voeg de gesmolten melkchocolade toe. Meng tot een mooi egaal geheel. Roer het ei er in twee delen door.

8 Zeef de bloem en doe een rond spuitmondje in de spuitzak. Roer de 120 gram karamel, als deze is afgekoeld naar een temperatuur van 40 tot 50 °C, door het deeg met de gezeefde bloem en vul de spuitzak met het koekdeeg.

9 Haal de springvorm uit de vriezer, verwijder de ring en keer de karamel om op de snijplank. Snijd de karamel in blokjes van 2x2 centimeter of zo groot als de siliconenvormen.

10 Leg een blokje karamel in elk gaatje van de siliconen vorm en spuit er een beetje van het deeg op tot het bakje is gevuld. Bak de koekjes in 9 tot 12 minuten gaar. Laat de koekjes in de vorm 30 minuten afkoelen en haal ze uit de vorm.

FLORENTINES

DEZE DEFTIGE FRANSE AMANDELKOEKJES ZIJN EIGENLIJK HEEL MAKKELIJK OM TE MAKEN EN LEKKER BIJ EEN HIGH TEA. IN DE ORIGINELE FLORENTINES ZITTEN ORANJESNIPPERS EN BIGARREAUX (GEKONFIJTE KERSEN); DIE KUNNEN VERVANGEN WORDEN DOOR NOTEN EN CACAONIBS. JE KUNT MET DIT KOEKJE EINDELOOS VARIËREN EN ZE ZIEN ER ALTIJD FANTASTISCH UIT.

VOOR 20 KOEKJES

- 100 g basterdsuiker
- 40 g boter, in blokjes
- 20 g slagroom
- 5 g honing
- mespunt zout
- 35 g amandelen, gehakt
- 70 g amandelschaafsel
- 50 g bigarreaux, gehalveerd
- 35 g gekonfijte sinaasappelschillen, fijngesneden
- 150 g chocolade, getempereerd

1 Verwarm de oven voor tot 175 °C. Bekleed een bakplaat met bakpapier.

2 Kook in de steelpan de basterdsuiker, boter, slagroom, honing en het zout tot een temperatuur van 115 °C. Voeg dan beide soorten amandelen, de bigarreaux en de sinaasappelschillen toe en roer goed.

3 Schep met een lepel gelijke bolletjes op het bakpapier met een tussenruimte van 2,5 centimeter. Druk ze met een natte vork tot de juiste grootte (ongeveer 6 centimeter).

4 Bak de koekjes in de oven in 10 minuten gaar, controleer of ze mooi bruin zijn geworden.

5 Laat de koekjes afkoelen en maak dan aan de onderkant van de koekjes met een doorhaalvork een zigzagpatroon van de chocolade op de koekjes.

CHOCOLADE-BOTERKOEK

GEBRUIK VOOR DEZE TRADITIONELE HOLLANDSE KOEK ECHTE ROOMBOTER, ANDERS MAG HET OFFICIEEL GEEN BOTERKOEK HETEN. PERSOONLIJK VIND IK BOTERKOEK NIET ZO HEEL INTERESSANT, MAAR VOEG ER WAT CHOCOLADE AAN TOE EN HET WORDT EEN HEEL ANDER VERHAAL.

1 Verwarm de oven voor tot 170 °C.

2 Bekleed een bakvorm met bakpapier, zorg ervoor dat de hele bakvorm is bedekt met papier.

3 Meng de boter en basterdsuiker in een kom. Zet de mixer op de laagste stand of kneed de boter met de hand tot een smeuïg geheel. Voeg de bloem, het cacaopoeder en de citroenrasp toe en kneed tot een egaal deeg. Meng als laatste de zoutflakes erdoor.

4 Maak je handen nat tegen het plakken en verdeel de helft van het deeg over de bodem van de vorm. Strijk met de bolle kant van een grote lepel de koek vlak. Verdeel de stukjes chocolade erover. Strijk de rest van het deeg over de chocolade en maak het vlak en glad.

5 Klop het ei, de koffieroom, het zout en de oploskoffie met een garde tot een homogene massa.

6 Strijk met een kwast een dunne laag ei-mengsel over het deeg en kerf er met een vork een motief in.

7 Bak de koek in 35 minuten gaar. Laat de koek minimaal 60 minuten afkoelen op een koele plaats (ongeveer 12 °C). Haal de koek uit de vorm en snijd er rechthoekige stukken van.

VOOR 1-2 BOTERKOEKEN

- 350 g roomboter, op kamertemperatuur
- 300 g donkere basterdsuiker
- 320 g bloem
- 50 g cacaopoeder
- rasp van 1 citroen
- 1 g gerookte zoutflakes
- 40 g pure chocolade 70%, fijngehakt

EXTRA

- ¼ ei, losgeklopt
- ¼ kuipje koffieroom
- snufje zout
- mespunt oploskoffie

TIP Je kunt de koek au bain-froid snel af laten koelen (zie how-to blz. 63).

CHOCOLADE-BOTERKOEK MET HAZELNOOT

EEN LEUKE VARIATIE OP HET VORIGE RECEPT. DE HAZELNOTEN GEVEN DEZE BOTERKOEK EEN EXTRA BITE.

VOOR 1-2 BOTERKOEKEN
- 350 g roomboter, op kamertemperatuur
- 300 g donkere basterdsuiker
- 320 g bloem
- 50 g cacaopoeder
- rasp van 1 citroen
- 60 g geroosterde hazelnoten, grof gehakt
- 1 g gerookte zoutflakes
- 40 g pure chocolade 70%, fijngehakt

EXTRA
- ¼ ei, losgeklopt
- ¼ kuipje koffieroom
- snufje zout
- mespunt oploskoffie

1 Verwarm de oven voor tot 170 °C.

2 Bekleed een bakvorm met bakpapier, zorg ervoor dat de hele bakvorm is bedekt met papier.

3 Meng de boter en basterdsuiker in een kom. Zet de mixer op de laagste stand of kneed de boter met de hand tot een smeuïg geheel. Voeg de bloem, het cacaopoeder, de citroenrasp en 40 gram hazelnoten toe en kneed tot een egaal deeg. Meng als laatste de zoutflakes erdoor.

4 Maak je handen nat tegen het plakken en verdeel de helft van het deeg over de bodem van de vorm. Strijk met de bolle kant van een grote lepel de koek vlak. Verdeel de stukjes chocolade erover. Strijk de rest van het deeg over de chocolade en maak het vlak en glad.

5 Klop het ei, de koffieroom, het zout en de oploskoffie met een garde tot een homogene massa.

6 Strijk met een kwast een dunne laag ei-mengsel over het deeg en kerf er met een vork een motief in. Strooi de overige hazelnoten over de koek.

7 Bak de koek in 35 minuten gaar. Laat de koek minimaal 60 minuten afkoelen op een koele plaats (ongeveer 12 °C). Haal de koek uit de vorm en snijd er rechthoekige stukken of punten van.

TIP Je kunt de koek snel au bain-froid af laten koelen (zie how-to blz. 63).

PAIN D'AMANDE

VOOR DE KNAPPERIGHEID VAN DEZE KOEKJES IS ZEEUWSE BLOEM NOODZAKELIJK. HET IS NIET HEEL MAKKELIJK VERKRIJGBAAR, MAAR EEN SPEURTOCHT OP INTERNET ZAL JE ZEKER VERDER HELPEN. JE KUNT IN ELK GEVAL WEL GELIJK EEN GROTE HOEVEELHEID DEEG MAKEN, WANT HET IS IN DE VRIEZER GOED TE BEWAREN.

VOOR 40-60 KOEKJES
- 120 g boter, in blokjes, op kamertemperatuur
- 25 g ei of ½ ei
- 130 g basterdsuiker
- 2 g zout
- 40 g hele amandelen
- 190 g Zeeuwse bloem
- 2 g kaneel
- 10 g cacaopoeder
- 2,5 g bakpoeder

1 Bekleed de cakevorm met een opstaande rand met bakpapier.

2 Breng in een pan 60 gram water, de boter, het ei, de basterdsuiker en het zout tot aan het kookpunt. Voeg de amandelen toe en haal de pan van het vuur.

3 Zeef de bloem, het kaneel, cacaopoeder, bakpoeder in een grote kom. Giet de inhoud van de pan op de bloem en meng geleidelijk.

4 Stort de inhoud van de kom in de cakevorm en leg er een vel plasticfolie op. Zet de cakevorm 24 uur in de koelkast.

5 Verwarm de oven voor tot 180 °C.

6 Haal de koek uit de bakvorm en snijd hem in plakjes van 3 millimeter. Leg de plakjes op een bakplaat met siliconen mat of bekleed met bakpapier, met een tussenruimte van 2 centimeter. Bak de koekjes in de oven in 10 tot 12 gaar.

7 Laat de koekjes goed afkoelen.

AMANDELKRULLEN MET NIBS

DIT ELEGANTE KOEKJE GEBRUIK IK VAAK ALS BASIS VOOR EEN DESSERT OF ALS DECORATIE. DE CACAO-NIBS GEVEN DEZE KLASSIEKER EEN VERRASSENDE TWIST. HEB JE ALLE INGREDIËNTEN IN HUIS, GA AAN DE SLAG, WANT DE KRULLEN ZIJN ZO GEMAAKT.

VOOR 30 STUKS
- 280 g suiker
- 170 g amandelschaafsel
- 30 g cacaonibs
- 1 g vanillesuiker
- 80 g bloem
- 150 g ei
- mespunt zout
- 40 g boter, gesmolten

1 Verwarm de oven voor tot 190 °C. Bekleed een bakplaat met bakpapier.

2 Meng in de kom de suiker, amandelen, cacaonibs, vanillesuiker en bloem met de spatel. Voeg het ei, 10 gram water, zout en de boter toe en meng goed.

3 Maak met 2 eetlepels op de bakplaat hoopjes deeg van 20 tot 25 gram. Druk met een vork de hoopjes plat.

4 Bak de koekjes 10 minuten in de oven; ze zijn klaar als de buitenkant mooi bruin is.

5 Leg de koekjes direct na het bakken (haal ze met een spatel los van de bakplaat als ze nog heel zacht zijn, dan breken de koekjes niet) over lege flessen en druk ze aan, zo krijgen ze hun mooie halfronde krulvorm.

IEDEREEN KENT ZE, DE CANDYBARS UIT DE SUPERMARKT. MARS, SNICKERS, TWIX... WIST JE DAT JE ZE OOK ZELF KUNT MAKEN? IK WEET NU AL WELKE JE VOORKEUR GAAT HEBBEN, EN DAT IS OOK NIET VREEMD WANT VERS GEMAAKT IS GEWOON LEKKERDER. DUS GA AAN DE SLAG EN MAAK JE EIGEN TWIX OF DE VENUS (HET VRIENDINNETJE VAN MARS), WANT WAAROM WAS DIE ER NOG NIET? GELUKKIG KUN JE OOK DAAR NU VAN GENIETEN EN ER JE EIGEN DRAAI AAN GEVEN. VOOR DE KOKOSLIEFHEBBERS STAAT IN DIT HOOFDSTUK EEN RECEPT VOOR EEN BOUNTY 2.0.

CANDYBARS

MARS 247 TOBLERONE 250 BOUNTY 2.0 252 CHOCOLADEREEP MET HONING EN NOTEN 254
VEGAN ENERGY BAR 255 TWIX 257 SNICKERS 259 CHOCOLADEBAR MET MARSHMALLOW 261
HANGOVER BAR 264 VENUS 267 KIM XXL 269 CHAI-THEECUP 270
GEMBERBIER-CUP 272 ZOENEN 275 CHOCOLADEREEP MET DADELS EN ZOUTFLAKES 276

MARS

ALS JE EENMAAL DEZE MARS HEBT GEGETEN, DAN ZUL JE ER EEN UIT DE SUPERMARKT HEEL ANDERS GAAN ERVAREN.

1 Bekleed een bakvorm (24x30 centimeter) met bakpapier en smeer met een kwast een laagje getempereerde chocolade (zie how-to blz. 70-75) van ongeveer 1 millimeter dik op de bodem.

2 Los de gelatine op in 60 gram koud water en laat minimaal 5 minuten weken.

3 Verhit in een pan de suiker, 75 gram honing, 75 gram water en de gecondenseerde melk tot 110 °C.

4 Doe intussen 100 gram honing in de kom van de keukenmachine. Weeg 100 gram gesmolten chocolade af en snijd de gelatine in stukjes.

5 Voeg de gelatine toe aan het suikerwater als deze een temperatuur heeft van 110 °C. Verhit het mengsel maximaal 15 seconden op hoog vuur tot de gelatine goed is opgenomen.

6 Giet de hete suikerstroop bij de honing in de kom van de keukenmachine en klop tot het de dikte van scheerschuim heeft en handwarm is.

VOOR 25-30 REPEN
- 750 g melkchocolade, getempereerd
- 12 g gelatinepoeder
- 180 g suiker
- 175 g neutrale, vloeibare honing
- 75 g gecondenseerde melk
- 100 g melkchocolade, gesmolten
- 1 g zout

KARAMEL
- 300 g slagroom
- 200 g suiker
- 2 g zout
- 135 g water

Zie de volgende pagina voor het vervolg van dit recept.

7 Meng met een mixer de gesmolten melkchocolade door de schuimige massa en stort het mengsel in de bakvorm. Laat rusten op kamertemperatuur.

8 Maak de karamel (zie how-to blz. 110) en giet deze in de bakvorm bovenop de vulling. Laat het geheel drogen voor minimaal 2 uur.

9 Leg een vel bakpapier op de karamel als deze droog aanvoelt en keer de bakvorm om. Als de vulling van de Mars uit de vorm is, keer deze dan nog eens om zodat de karamel aan de bovenkant zit.

10 Verwijder het vel bakpapier. Snijd van de vulling repen van 2,5 bij 8 centimeter met een warm en droog mes.

11 Haal een reep met twee vorken door de getempereerde chocolade en blaas eventueel de te dikke laag eraf. Duw licht met een vork in de chocoladelaag van de doorgehaalde Mars en haal dan de vork er met een beweging naar rechts uit, zo blijft er een decoratie van twee schuine strepen in de reep achter.

TOBLERONE

WAT EEN VERWENNERIJ ALS JE ALS KIND TOBLERONE KREEG. ZO'N GROTE REEP, HELEMAAL VOOR JOU ALLEEN. HET WÁS ZO LEKKER... HET KAN GEBEUREN DAT JE SMAAK VERANDERT ALS JE OUDER WORDT, MAAR BIJ DE TOBLERONE LIGT HET ECHT AAN HET RECEPT. HET IS NIET TEN GOEDE AANGEPAST. ER IS BEKNIBBELD OP GOEDE INGREDIËNTEN. MET DIT RECEPT KUNNEN WIJ ECHTER DE MAGIE EN DE SMAAK VAN DE TOBLERONE IN ERE HERSTELLEN.

VOOR CA. 6 STUKS

- 50 g honing
- 50 g suiker
- 50 g amandelen, geroosterd
- 500 g donkere melkchocolade 60%, getempereerd

1 Weeg de honing af in een kannetje. Leg een vel bakpapier klaar op je werkblad.

2 Smelt in de steelpan op middelhoog vuur een dun laagje suiker. Schud de pan als de suiker begint te smelten, voeg als alle suiker is opgelost weer een dunne laag suiker toe en blijf schudden, ga zo door tot alle suiker is opgelost. Blijf schudden, en roer de karamel niet (zie how-to blz. 110). Voeg dan de honing toe en roer het geheel goed door. Kook de karamel tot 165 °C in en voeg de amandelen toe. Stort het mengsel uit op het bakpapier.

3 Schuif af en toe met het bakpapier om de karamel sneller af te laten koelen. Breek de karamel als hij afgekoeld en hard is in stukken en maal in de keukenmachine fijn.

4 Voor 1 reep van 100 g neem 25 gram gemalen karamel en 75 gram melkchocolade. Giet het in de Toblerone-vorm en dribbel de vorm stevig op je werkblad. Laat 30 minuten afkoelen in de koelkast.

BOUNTY 2.0

1 Verwarm de oven voor tot 220 °C. Bekleed een bakplaat met bakpapier.

2 Doe de kokosrasp in de kom van de keukenmachine en maal in 1 minuut tot poeder. Meng 190 gram van het kokospoeder met de suiker en het zout. Meng het citroensap door het kokos-suikermengsel.

3 Doe het overige kokospoeder in een kleinere kom en zet apart.

4 Schil de appel en rasp 10 gram van de appel tot moes. Voeg de moes toe aan de kom met kokos en suiker. Voeg het eiwit toe en roer het er goed door. Verwarm het geheel au bain-marie al roerend tot 50 °C. Laat het dan au bain-froid (zie how-to blz. 63) afkoelen tot het een stevig geheel is.

5 Rol van het mengsel een pil, haal deze door het kokospoeder. Snijd het in 20 gelijke stukken. Maak je handen nat en gebruik je fantasie om er bergjes van te maken met een mes. Leg deze op de bakplaat. Bak in 6 tot 8 minuten gaar.

6 Meng het overige kokospoeder met de poedersuiker en zeef dit mengsel boven een kom.

7 Laat de bounty's afkoelen. Glaceer ze door met 10 procent cacaoboter extra verdunde getempereerde chocolade te maken en de bounty's daarin te dopen. Dit is om de contouren van de berg te laten zien.

8 Decoreer de repen vlak voor ze hard worden met de kokos-poedersuiker.

VOOR 20 STUKS
- 250 g kokosrasp
- 100 g suiker
- mespunt zout
- 2 g citroensap
- 1 appel
- 45 g eiwit of 1,5 eiwit
- 20 g poedersuiker
- 75 g cacaoboter
- 750 g chocolade 70%, getempereerd

CHOCOLADEREEP MET HONING EN NOTEN

1 Bekleed de bodem en zijkant van de bakvorm (10x20 centimeter) met bakpapier.

2 Verhit al roerende met een hittebestendige spatel de slagroom en honing tot 129 °C. Voeg de noten toe en roer goed door. Stort het mengsel uit in de bakvorm en laat minimaal 4 uur op kamertemperatuur stevig worden.

3 Draai de bakvorm om op een snijplank en verwijder het bakpapier.

4 Snijd van de nogavulling strakke, rechte stroken van 1,5 centimeter breed en leg ze op de gesneden zijde naast elkaar.

5 Smelt de cacaoboter in een pannetje en haal de pan van het vuur voordat de boter helemaal is gesmolten. De laatste stukjes moeten wegsmelten in de cacaoboter: zo gaat de cacaoboter mooi glimmen als hij hard wordt.

6 Strijk met een droge kwast een heel dun laagje cacaoboter over de stroken noga om uitdrogen te voorkomen.

7 Je kunt nu de stroken in de gewenste maat snijden, van kleine bonbons tot lange bars. Haal de noga door de getempereerde chocolade (zie how-to blz. 70-75), maar houd de bovenkant vrij van chocolade want dit geeft een mooi effect.

VOOR 20-25 REPEN

VULLING
- 375 g slagroom
- 375 g honing
- 325 g macadamianoten, geroosterd
- 50 g cacaoboter, fijngehakt
- 750 g pure chocolade 70%, getempereerd

VEGAN ENERGY BAR

VEGAN IS HOT! STEEDS MEER MENSEN ETEN VEGANISTISCH. MIJN DOCHTER STREEFT OOK VAAK NAAR VOLLEDIG VEGANISTISCH ETEN. NATUURLIJK WIL IK HAAR HIERBIJ ONDERSTEUNEN EN DAAROM BEN IK OP ZOEK GEGAAN NAAR MOGELIJKHEDEN VOOR VEGAN CHOCOLADERECEPTEN. EN IK BEN HIERIN ZEKER GESLAAGD, AL ZEG IK HET ZELF.

VOOR 25 STUKS
- 140 g havervlokken, geroosterd
- 120 g amandelen, geroosterd
- 65 g gezouten pinda's, geroosterd
- 85 g maple syrup
- 200 g dadels, ontpit
- 200 g chocolade 70%, getempereerd

1 Bekleed een bakvorm (21x28 centimeter) met bakpapier.

2 Doe de havervlokken en amandelen in een kom. Vermaal de pinda's in de keukenmachine tot een pasta.

3 Verwarm in een steelpan de maple syrup, pindapasta en dadels tot een temperatuur van ongeveer 70 tot 80 °C. Voeg dit mengsel toe aan de havervlokken en amandelen en meng tot een deeg.

4 Stort het deeg in de vorm en druk het goed aan. Maak het mooi vlak met de bolle kant van een lepel en laat 1 uur afkoelen in de koelkast.

5 Haal de plak uit de vorm en druk het bakpapier aan de zijkant naar beneden. Strijk met het glaceermes de helft van de chocolade uit over de bovenkant van de plak en maak het mooi vlak.

6 Laat de chocolade hard worden en keer dan de plak om. Verwijder het bakpapier en strijk met het glaceermes de rest van de chocolade over de plak en maak het mooi vlak. Laat de chocolade weer hard worden en snijd de plak in repen van 3x7 centimeter.

TWIX

WE ZIJN GEWEND OM CANDYBARS IN DE SUPERMARKT TE KOPEN, MAAR HET IS VEEL LEUKER EN LEKKERDER OM ZE ZELF TE MAKEN. MIJN DOCHTER WERD, TOEN ZE KLEINER WAS, HELEMAAL ENTHOUSIAST ALS IK ZEI DAT HET WEER TWIX-TIJD WAS.

VOOR 30-40 STUKS

KOEKJE
- 100 g boter, gekoeld, in blokjes
- 250 g bloem, plus extra om te bestuiven
- 1 g bakpoeder
- 50 g suiker
- 100 g slagroom, gekoeld
- 1 g zout
- 750 g melkchocolade, getempereerd

KARAMEL
- 300 g slagroom
- 150 g suiker
- 2 g zout

1 Verwarm de oven voor tot 180 °C. Maak de karamel (zie how-to blz. 110).

2 Meng in de kom de boter, bloem en het bakpoeder tot een kruimelig deeg. Voeg de suiker en slagroom toe. Meng niet te lang anders wordt het deeg taai.

3 Rol het deeg tussen bakpapier uit tot een rechthoekige plak van 5 millimeter dikte. Zet 30 minuten in de koelkast.

4 Prik met een vork over de hele plak gaatjes in het deeg en snijd in stroken van 1,5x9 centimeter. Leg de stroken op bakpapier met een tussenruimte van 1,5 centimeter. Bak de koekjes in de oven in 20-25 minuten goudbruin.

5 Doe de afgekoelde karamel in een (wegwerp)-spuitzak en knip er een puntje af. De karamel moet echt goed afgekoeld en taai zijn, anders loopt het van de koekjes af en dat wil je niet.

6 Haal de koekjes uit de oven en laat ze 15 minuten afkoelen. Spuit dan de karamel in een baan over de koekjes en laat drogen. Haal tot slot de koekjes met de karamel door de getempereerde chocolade (zie how-to blz. 70-75). Laat ze drogen.

SNICKERS

DEZE CANDYBAR IS VERNOEMD NAAR HET FAVORIETE PAARD VAN DE FAMILIE MARS. DEZE FAMILIE STOND AAN DE WIEG VAN DEZE BEROEMDE LEKKERNIJ. SNICKERS IS MINDER ROBUUST EN WAT SPEELSER DAN ZIJN VRIENDJE MARS EN DE GEKARAMELLISEERDE PINDA'S MAKEN DE REEP EXTRA LEKKER.

1 Bekleed een bakvorm (24x30 centimeter) met bakpapier en vet het papier heel dun in met olie.

2 Los de gelatine in een kom op in 90 gram koud water en laat minimaal 5 minuten weken.

3 Doe de suiker, 75 gram honing, 75 gram water en de gecondenseerde melk in een pan en verhit tot 110 °C.

4 Hak de pinda's met het zout grof met een paar pulsen van de keukenmachine. Snijd de gelatine in de kom in stukken. Giet de overige honing in de kom van de mixer.

5 Doe de gelatine bij het suiker-honingwater als deze een temperatuur heeft van 110 °C. Verhit het mengsel maximaal 15 seconden op hoog vuur tot alles gesmolten is. Giet de hete stroop bij de honing in de kom van de mixer en mix schuimig tot het de dikte van scheerschuim heeft en handwarm is.

6 Voeg de pinda's toe aan de schuimige marshmallow-massa en stort het mengsel in de vorm. Laat op kamertemperatuur staan.

VOOR 20-25 STUKS

MARSHMALLOW-PLAK
- 14 g gelatinepoeder
- 180 g suiker
- 175 g neutrale, vloeibare honing
- 50 g gecondenseerde melk
- 150 g pinda's, geroosterd
- 1 g zout

GEKARAMELLISEERDE PINDA'S
- 300 g slagroom
- 2 g zout
- 150 g suiker
- 150 g pinda's, geroosterd

EXTRA
- neutrale olie, om mee in te vetten
- 750 g melkchocolade, getempereerd

Zie de volgende pagina voor het vervolg van dit recept.

7 Maak in de tussentijd de gekaramelliseerde pinda's.

8 Doe de slagroom en het zout in een steelpan en laat op een middelhoog vuur warm worden.

9 Zet een wat grotere pan op middelhoog vuur en doe er een dunne laag suiker in. Schud de pan als de suiker begint te smelten, voeg als alle suiker is opgelost weer een dunne laag suiker toe en blijf schudden, ga zo door tot alle suiker is opgelost. Blijf schudden, en roer de karamel niet (zie how-to blz. 110). Giet de hete slagroom bij de karamel en laat inkoken tot een temperatuur van 114 °C is bereikt.

10 Voeg de pinda's toe en meng het geheel goed met een hittebestendige spatel. Laat au bain-froid afkoelen tot een temperatuur van ongeveer 40 °C (zie how-to blz. 63).

11 Strijk de pinda-karamel uit over de marshmallow-plak. Zet minimaal 1 uur in de koelkast.

12 Leg een vel bakpapier op de karamellaag en keer de vorm om. Verwijder de bakvorm en het bakpapier.

13 Strijk met een glaceermes een dunne laag ge-tempereerde melkchocolade op de onderkant (zie how-to blz. 70-75).

14 Keer de vorm om als de chocolade gestold is en snijd de repen in de gewenste maat (ongeveer 2,5x8 centimeter).

15 Haal een reep met twee vorken door de choco-lade en blaas eventueel de te dikke laag eraf.

CHOCOLADEBAR MET MARSHMALLOW

VOOR 20-25 STUKS
- 12 g gelatinepoeder
- 230 g suiker
- 175 g neutrale, vloeibare honing
- 100 g chocolade 70%, gesmolten
- olie, om mee in te vetten

GEKARAMELLISEERDE NOTEN
- 150 g amandelen en/of hazelnoten
- 15 g honing, verwarmd

EXTRA
- 750 g witte, melk- of pure chocolade, getempereerd

1 Vet de binnenzijde van een bakvorm (20x20 centimeter) in met olie en bekleed met bakpapier.

2 Los de gelatine op in 60 gram koud water en laat minimaal 5 minuten weken.

3 Verhit in een pan de suiker, 75 gram honing en 75 gram water tot 110 °C.

4 Doe intussen 100 gram honing in de kom van de keukenmachine. Snijd de gelatine in stukjes.

5 Voeg de gelatine toe aan het suikerwater als deze een temperatuur heeft van 110 °C. Verhit het mengsel maximaal 10 seconden op hoog vuur tot de gelatine goed is opgenomen.

6 Giet de hete suikerstroop bij de honing in de kom van de keukenmachine en klop tot het de dikte van scheerschuim heeft en handwarm is.

7 Meng de 100 gram chocolade door de schuimige massa en stort uit in de bakvorm. Strijk de bovenzijde vlak met een glaceermes en dek af met bakpapier (zo vlak mogelijk, eventueel even met een rolstok afrollen) en laat minimaal 3 uur rusten op kamertemperatuur.

Zie de volgende pagina voor het vervolg van dit recept.

8 Verwarm de oven voor tot 170 °C.

9 Hak met een koksmes de noten grof en meng met de honing in een kom. Spreid de noten uit op een bakplaat bekleed met bakpapier en bak ze in 12 tot 15 minuten goudbruin.

10 Verwijder de bakvorm van de marshmallowplak en strijk met een glaceermes een dunne laag getempereerde chocolade over de bovenkant van de marshmallowplak; dit wordt uiteindelijk de onderkant dus het moet mooi vlak worden. Keer de vorm als de chocolade hard is geworden en verwijder het bakpapier.

11 Snijd op een snijplank met een koksmes de honingnoten los van elkaar en verdeel ze over de marshmallowplak.

12 Snijd de vorm in de gewenste maat (bijvoorbeeld 2x6 centimeter).

13 Haal de repen met twee vorken door de getempereerde chocolade en blaas eventueel een te dikke laag eraf.

HANGOVER BAR

JE KENT HET WEL, DE OCHTEND NA EEN AVONDJE LEGENDARISCH FEESTEN. DAN KOMT DE KATER EN DAT IS EEN HEL. WAT EEN SPIJT EN NIEMAND DIE JE HIERVAN KAN VERLOSSEN. MISSCHIEN KAN DEZE HANGOVER BAR EEN OPLOSSING BIEDEN. HANDIG OM ER AL EEN PAAR KANT-EN-KLAAR IN HUIS TE HEBBEN!

VOOR 22 STUKS

- 200 g tomatensap
- 10 g citroensap
- mespunt cayennepeper
- 325 g witte chocolade, gehakt
- 25 g wodka
- 750 g melkchocolade, getempereerd

1 Bekleed een bakvorm (17x23 centimeter) met bakpapier.

2 Verwarm in een steelpan het tomatensap en citroensap en de cayennepeper tot aan het kookpunt. Voeg de witte chocolade en wodka toe en roer glad met een garde.

3 Giet de tomatenganache in de bakvorm en zet de vorm 8 uur in de koelkast. Keer de vorm om op een snijplank en verwijder het bakpapier.

4 Bestrijk met een glaceermes de onderkant van de ganache in met de getempereerde chocolade. Keer de plak om als de chocolade hard is en snijd met een warm mes stroken van 2x8 centimeter.

5 Prik een reep op de doorhaalvork en dip de reep tot aan de bovenrand in de melkchocolade. Haal de vork rustig omhoog en dribbel licht met de vork om de overtollige chocolade eraf te schudden.

6 De bovenkant van de reep blijft open want de lichtrode kleur is te mooi om te verbergen.

VENUS

VENUS EN MARS, EEN ONMOGELIJKE LIEFDE! MAAR NA HET VERSCHIJNEN VAN DE BESTSELLER VAN JOHN GRAY KWAM DAAR VERANDERING IN. ALS MANNEN EN VROUWEN ACCEPTEREN DAT ZE LIEFDE VERSCHILLEND ERVAREN KOMT HET ALLEMAAL WEL GOED MET DIE TWEE. DEZE VROUWELIJKE VARIANT VAN MARS IS DAAROM OOK HELEMAAL HET TEGENOVERGESTELDE: LICHT, ZACHT EN MET ROZENBLAADJES.

VOOR 24-30 STUKS
- 165 g slagroom
- 2 g gedroogde rozenblaadjes
- mespunt zout
- 240 g witte chocolade, gehakt
- 2 druppels rozenolie, op smaak
- 40 g boter, op kamertemperatuur in blokjes
- 240 g deeg voor chocolate chip cookies

EXTRA
- ruby of roze chocolade
- losse gedroogde rozenblaadjes

1 Kook voor de ganache in een steelpan de slagroom, de gedroogde rozenblaadjes en het zout (zie recept blz. 210). Zeef de rozenblaadjes uit de slagroom. Voeg de chocolade en de rozenolie toe en roer met een garde glad. Laat de ganache au bain-froid afkoelen (zie how-to blz. 63) tot een temperatuur tussen de 30 tot 35 °C. Meng dan de boter er met een staafmixer doorheen.

2 Doe het spuitmondje in de spuitzak, draai net boven het spuitmondje de spuitzak dicht en vul de spuitzak met de ganache.

3 Verwarm de oven voor tot 170 °C.

4 Neem voor de bodem een siliconenvorm (7 centimeter). Druk met je vingers 8 gram van het chocolate-chip-cookiedeeg (zie recept blz. 114) in elk vakje van de vorm en bak de deegbakjes in de oven in 10 tot 12 minuten gaar.

5 Haal de vorm uit de oven en laat de bakjes afkoelen. Spuit de ganache in op de brede kant van het koekje. Laat de Venus-repen hard worden en haal ze door de ganache.

6 Decoreer na het doorhalen de Venus-repen met een paar rozenblaadjes.

KIM XXL

DEZE REEP IS EEN KNIPOOG NAAR DE BEROEMDSTE AMERIKAANSE KIM VAN DEZE TIJD. EN ZEG NOU ZELF, WELKE VROUW WIL ER NOU NIET HAAR NAAM GEVEN AAN EEN CANDYBAR?

1 Verwarm de oven voor tot 170 °C.

2 Kook voor de ganache de slagroom en kersengelei in de steelpan. Voeg als de slagroom kookt de melkchocolade toe en roer glad met een garde. Laat de ganache afkoelen.

3 Rol het zanddeeg uit tot een dikte van 3 millimeter en steek er ronde of hartvormige koekjes uit. Bak de koekjes 15 minuten in de voorverwarmde oven.

4 Na het bakken opnieuw de koekjes uitsteken voor een mooie strakke vorm.

5 Doe een spuitmondje in de spuitzak, draai boven het spuitmondje de spuitzak dicht en vul de spuitzak met de ganache.

6 Spuit twee mooie bolletjes ganache op elk koekje en laat hard worden.

7 Je kunt zelf roze chocolade maken door witte chocolade met rode kleurpoeder te kleuren en er kersenolie aan toe te voegen voor de smaak.

8 Haal met een brede vork elk koekje door de getempereerde ruby chocolade (zie how-to blz. 70-75) en decoreer elke candybar met suikerhartjes.

VOOR 40-45 STUKS

ZANDDEEG
- 500 g zanddeeg, (zie recept blz. 222)

GANACHE
- 200 g slagroom
- 200 g kersengelei
- 400 g melkchocolade, gehakt

EXTRA
- 750 g ruby of roze chocolade, getempereerd
- kleine rode suikerhartjes

CHAI-THEECUP

VOOR 22-25 STUKS

- 36 g chai-theepoeder
- 100 g volle melk
- 100 g slagroom
- mespunt zout
- 300 g melkchocolade, gehakt
- 25 g boter, op kamertemperatuur
- 500 g donkere melkchocolade 50%, getempereerd

1 Doe voor de vulling het chai-theepoeder in een kom en voeg 30 gram melk toe, roer met een garde glad. Breng de slagroom, 70 gram melk en het zout aan de kook en giet in de kom met chai-theemelk, roer glad. Voeg de 300 gram melkchocolade toe en roer tot alles is gesmolten. Laat de vulling afkoelen tot 30 tot 35 °C.

2 Voeg de boter toe aan de kom met de vulling. Mix goed en houd de staafmixer op de bodem, zodat je er geen luchtbellen in klopt.

3 Knip voor de cups sponsjes in 22-25 vierkante bokjes van ongeveer 4x4 centimeter (zie how-to blz. 101). Keer boterhamzakjes binnenstebuiten, doe er een blokje spons in en duw zo veel mogelijk lucht uit het zakje en knoop het dicht. Knip het zakje boven de knoop af.

TIP Het is verstandig om wat extra bakjes te maken, want ze kunnen breken bij het verwijderen van de zakjes.

4 Duw een stuk of vijf zakjes tot vlak boven de rand van de spons in de getempereerde chocolade en haal ze omhoog. Laat de chocolade eraf druppelen en zet de zakjes op bakpapier of plasticfolie en herhaal tot alle zakjes op zijn.

5 Laat de chocolade 1 uur uitharden. En trek dan voorzichtig de zakjes uit de bakjes.

6 Vul een (wegwerp)spuitzak met de vulling en knip een gaatje in de punt. Spuit de chocoladebakjes tot drievierde vol met vulling. Laat de cups uitharden.

GEMBERBIER-CUP

1 Maak eerst de vulling door de pure en de melkchocolade in een kom te mengen.

2 Rasp de gember. Breng de slagroom, het gemberbier, de gember, azijn en het zout aan de kook. Giet het mengsel dan door een zeef in de kom met de chocolade en roer met een garde tot alles is gesmolten.

3 Laat het mengsel afkoelen naar 30 tot 35 °C en voeg de boter toe. Klop de ganache goed, houd hiervoor de staafmixer op de bodem van de kom zodat er geen luchtbellen in de ganache kunnen komen.

4 Knip voor de cups 22-25 sponsjes in vierkante blokjes van ongeveer 4x4 centimeter (zie how-to blz. 101). Keer boterhamzakjes binnenstebuiten, doe er een blokje spons in en duw zo veel mogelijk lucht uit het zakje en knoop het dicht. Knip het zakje boven de knoop af.

5 Duw een stuk of vijf zakjes tot vlak boven de rand van de spons in de getempereerde chocolade en haal ze omhoog. Laat de chocolade eraf druppelen en zet de zakjes op bakpapier of plasticfolie en herhaal tot alle zakjes op zijn.

6 Laat de chocolade 1 uur uitharden. En trek dan voorzichtig de zakjes uit de bakjes.

7 Vul de (wegwerp)spuitzak met de gembervulling. Knip een gaatje van de punt en spuit het bakje voor drievierde vol met vulling.

VOOR 22-25 STUKS

- 200 g pure chocolade, fijngehakt
- 100 g melkchocolade, fijngehakt
- 36 g verse gember
- 100 g slagroom
- 200 g gemberbier
- 7 g wittewijnazijn
- mespunt zout
- 25 g boter, op kamertemperatuur
- 500 g pure chocolade 70%, getempereerd

TIP Het is verstandig om wat meer bakjes te maken, want ze kunnen breken bij het verwijderen van de zakjes.

ZOENEN

ALS KIND HEBBEN WE DEZE VERSLONDEN. ALS JE ME ZE NÚ ZOU AANBIEDEN, DAN EET IK ER ZEKER ÉÉN, MAAR EEN HELE DOOS WEGWERKEN DAT GAAT NIET MEER LUKKEN... HOEWEL IK VAN DEZE MAAR MOEILIJK AF KAN BLIJVEN.

VOOR 25 ZOENEN

KOEKJESDEEG
- 100 g boter, op kamertemperatuur, in blokjes
- 75 g poedersuiker
- mespunt zout
- 45 g ei of 1 ei
- 200 g bloem, gezeefd

MARSHMALLOW
- 4 g gelatinepoeder
- 150 g suiker
- 25 g glucosestroop
- ½ vanillestokje, alleen het zaad
- 1 citroen, om mee te ontvetten
- 60 g eiwit

EXTRA
- 500 g donkere melkchocolade, getempereerd

1 Klop voor het koekjesdeeg de boter, de poedersuiker en het zout met een mixer luchtig. Meng het ei er goed door. Voeg dan direct de bloem toe en meng goed. Rol het deeg uit (zie how-to blz. 82) en laat 30 minuten in de koelkast rusten.

2 Verwarm de oven voor tot 175 °C.

3 Steek de koekjes uit (5 tot 6 centimeter doorsnede) en leg ze op bakpapier op het bakblik. Bak de koekjes in ongeveer 10 minuten goudbruin.

4 Los de gelatine op in 20 gram koud water en laat minimaal 5 minuten wellen.

5 Verhit voor de suikerstroop in een steelpan de suiker en glucosestroop met 60 gram water tot 114 °C. Haal de pan van het vuur. Snijd de gelatine in stukken en meng in de steelpan samen met het vanillezaad.

6 Ontvet een kom met de doorgesneden citroen. Doe het eiwit in de kom en klop schuimig. Giet er al kloppend de suikerstroop in een straaltje bij en klop tot het mengsel handwarm en stevig is.

7 Vul een (wegwerp)spuitzak met de vulling en knip de zak open.

8 Spuit mooie bollen op de koekjes en laat 30 minuten drogen. Haal de zoenen een voor een door de getempereerde chocolade en laat op plasticfolie hard worden.

CHOCOLADEREEP MET DADELS EN ZOUTFLAKES

EÉN BONK GOEDHEID – ZO ZOU IK DEZE REEP OMSCHRIJVEN. TOEN MIJN DOCHTER NOG DE SCHOOLREISJESLEEFTIJD HAD, GAF IK HAAR ER ALTIJD EEN MEE VOOR ONDERWEG. NU HOEF IK ER NIET MEER MEE AAN TE KOMEN NATUURLIJK, TERWIJL ZE ER MET HAAR DRUKKE UITGAANSLEVEN MISSCHIEN NOG WEL MEER BEHOEFTE AAN HEEFT...

VOOR 6 REPEN

- 100 g walnoten, vliesjes verwijderd
- 100 g hazelnoten, vliesjes verwijderd
- 100 g amandelen, vliesjes verwijderd
- 100 g cashewnoten
- 200 g dadels, ontpit
- 100 g honing
- 50 g amandelpasta
- 3 g zoutflakes
- 150 g pure 70% chocolade

1 Verwarm de oven voor tot 170 °C.

2 Verdeel de noten over de bakplaat en rooster de noten 12 minuten in de oven.

3 Bekleed een brownievorm (19x28 centimeter) met bakpapier, zorg ervoor dat de hele vorm bedekt is en dat het papier goed erin past zonder te verfrommelen.

4 Pureer de dadels, honing en amandelpasta in de keukenmachine tot een mooie egale massa.

5 Haal de bakplaat met noten uit de oven en controleer de noten nog extra op vliesjes, vooral die van walnoten kunnen een onaangenaam bittere smaak achterlaten.

6 Doe de noten en het zout in de keukenmachine en laat een paar keer kort draaien tot een grof notenmengsel: pas op dat het geen pasta wordt.

7 Meng de noten met de dadelmassa.

8 Vul de brownievorm met de massa en druk het geheel aan met natte handen, tegen het plakken. Zet de vorm in de koelkast en laat in 30 minuten steviger worden.

9 Smelt de chocolade au bain-marie, roer goed met een hittebestendige spatel tot ongeveer viervijfde deel is gesmolten. Haal de kom van de pan en laat de nog niet gesmolten stukken rustig smelten in de warme chocolade, hierdoor tempereert de chocolade waardoor er goede kristallen in komen en de chocolade meer gaat glanzen.

10 Giet de chocolade over de noten-dadelmassa. Dribbel de bak even goed op het aanrecht voor een goede verdeling van de chocolade (zie how-to blz. 79).

11 Zet de vorm 15 minuten terug in de koelkast en controleer of de chocolade al mooi stevig is, zet de vorm anders nog even terug in de koelkast. Haal het geheel na 15 minuten uit de vorm en snijd het in mooie repen.

WARME CHOCOLADEMELK MET SLAGROOM, DAT IS EEN TRAKTATIE WAAR JE NAAR KUNT VERLANGEN. NA EEN LANGE WANDELING OP EEN KOUDE WINTERDAG EN DAN ALS BELONING EEN DAMPENDE KOP WARME CHOCOLADEMELK WAARVAN JE RODE WANGEN GAAN TINTELEN. MAAR MIJ MAAK JE WAKKER VOOR EEN GOEDE WHISKY SOUR. NEEM EEN WARME BONBON IN DE ENE HAND EN EEN WHISKY SOUR IN DE ANDERE HAND. NEEM DE BONBON IN JE MOND EN LAAT DE VOLLE INTENSE SMAAK JE MOND VULLEN EN DAN NEEM JE EEN SLOK VAN JE COCKTAIL. EEN MOMENT VAN PUUR GELUK.

DRANKEN

RUMBLE IN THE JUNGLE 281 CHOCOLADEMILKSHAKE 283
CHOCOLADEMELK MET RUM OF TEQUILLA 284 WHISKY SOUR 287
CHOCOLADESODA 288 BLACK ALBERT 290 FLOATING CHOCOLATE OLD FASHIONED 293
FLOATING ESPRESSO-MARTINI 295 SMOOTHIE 296 CHOCO-ZABAGLIONE 297

RUMBLE IN THE JUNGLE

DEZE EENVOUDIGE, ELEGANTE, MAAR SMAAKVOLLE COCKTAIL NEEMT JE IN GEDACHTEN MEE NAAR TROPISCHE OORDEN. ELKE RUM IS NATUURLIJK GOED, MAAR MIJN FAVORIET IS DON PAPA RUM UIT DE FILIPIJNEN.

1 Doe de ijsklontjes in een mooi hoog martini- of margaritaglas en laat staan.

2 Vermaal het zout en cacaopoeder in de vijzel en schud het poeder uit op een servet.

3 Verhit voor de warme bonbon de slagroom tot tegen de kook aan en smelt de chocolade in de warme slagroom. Voeg naar smaak de rum toe en bewaar het mengsel warm (± 45 °C).

4 Verwijder de ijsklontjes uit het glas en wrijf het glas in met het sinaasappelpartje tot ± 2 centimeter onder de rand van het glas. Rol het glas door het cacaopoedermengsel vanaf het servet.

5 Roer in een mengbeker met een cocktaillepel de rum met de vermout en de angostura bitter.

6 Verwijder de ijsklontjes uit het martini- of margaritaglas en giet de cocktail erin. Decoreer het glas met de sinaasappelschil.

7 Voor het serveren breng je de warme bonbon aan met een lepeltje: net als kaviaar, tussen de aanhechting van je duim en wijsvinger.

8 Eet eerst de warme bonbon op en geniet dan van de cocktail.

VOOR 1 COCKTAIL
- ijsklontjes
- 5 g zeezout
- 20 g cacaopoeder
- 1 sinaasappelpartje
- 60 ml rum
- 30 ml vermout
- 3 scheutjes angostura bitter
- 1 sinaasappelschil

WARME BONBON
- 40 g slagroom
- 40 g chocolade 70%, gehakt
- 10 g rum

CHOCOLADEMILKSHAKE

DEZE CHOCOLADEMILKSHAKE IS EEN GEWELDIGE TRAKTATIE. WAT EEN FEEST VOOR HET OOG. CHOCOLADE-IJS, SLAGROOM EN MELK. EN DAN GA JE HELEMAAL LOS MET FRUIT, BROWNIES, SPRINKELS, KLEURTJES EN RIETJES.

1 Doe de melk, het chocolade-ijs en de slagroom en de wodka in de hoge maatbeker en mix met de staafmixer op de hoogste stand tot een heerlijk volle en dikke milkshake.

2 Giet in een glas, versier de milkshake met zoetigheden, zet je rietje erin en genieten maar. Voeg er eventueel nog een scheut wodka aan toe.

VOOR 1 MILKSHAKE

- 220 g melk
- 1 grote bol chocolade-ijs
- 50 g slagroom, gezoet en opgeklopt

EXTRA

- wodka, naar smaak
- snoepjes
- chocolaatjes
- fruit

CHOCOLADEMELK MET RUM OF TEQUILLA

1 Verhit de melk en suiker tot de melk kookt en roer steeds met een garde om aanbranden te voorkomen.

2 Voeg de chocolade toe aan de hete melk en roer met de garde tot een mooie schuimige massa.

3 De hoeveelheid chocolade in dit recept is aan de hoge kant, gebruik gerust minder naar smaak.

4 Aan deze chocolademelk kunnen naar smaak allerlei soorten sterkedrank worden toegevoegd, denk aan rum, tequila, whisky of grappa. Een dot slagroom met een snuf gedroogde chilipeper erover maken het drankje helemaal af.

VOOR 5-7 GLAZEN

- 750 g volle melk
- 20 g suiker
- 200 g pure chocolade 70%, fijngehakt

EXTRA

- sterkedrank, naar smaak
- slagroom, lobbig geklopt en licht gezoet
- gedroogde chilipeper

WHISKY SOUR

DE WHISKY SOUR WORDT TRADITIONEEL GEMAAKT MET EEN BOURBON, MAAR EEN MOOIE SINGLE MALT WHISKY VOLSTAAT OOK PRIMA. MIJN VOORKEUR GAAT UIT NAAR EEN ROKERIGE SINGLE MALT UIT HET WESTEN VAN SCHOTLAND. LIEFST MET EEN ZILTE, JODIUMACHTIGE SMAAK.

1 Maak de siroop door 250 milliliter water, de suiker, het cacaopoeder en zout in de steelpan tegen de kook aan te laten komen. Roer goed en laat het afkoelen.

2 Vul het cocktailglas met ijsklontjes. Schil van de sinaasappel twee dunne schilletjes.

3 Schenk met de cocktailmaat de sterkedrank, het limoensap, de siroop, het eiwit en 2 ijsklontjes in de shaker. Sluit de shaker goed af en schud tot de ijsklontjes bijna geheel zijn opgenomen en je ze bijna niet meer hoort.

4 Verwijder de ijsklontjes uit het cocktailglas en wrijf met een sinaasappelschil over de rand van het glas. Spray wat olie uit de schil in en om het glas.

5 Giet de whisky sour door een (cocktail)zeef in het glas en leg een bolletje vanille-ijs in het midden (zie how-to blz. 104). Leg de andere sinaasappelschil half over de rand van het glas als decoratie.

VOOR 1 GLAS
CHOCOLADESIROOP
- 200 g suiker
- 50 g cacaopoeder
- mespunt zout

WHISKY SOUR
- 5 g bourbon/whisky
- 30 g limoensap
- 15 g chocoladesiroop
- 15 g eiwit
- genoeg ijsklontjes

DECORATIE
- 1 sinaasappel
- 1 bol vanille-ijs

TIP De chocoladesiroop is ook heel lekker in de chocolademelk en in de chocoladesoda.

CHOCOLADESODA

EEN HEERLIJK DORSTLESSEND DRANKJE VOOR OP WARME ZOMERDAGEN.

1 Doe voor de siroop 480 milliliter water, de suiker en het cacaopoeder in de steelpan. Schraap het zaad uit het vanillestokje en voeg zaad en stokje toe aan de steelpan. Breng aan de kook.

2 Koel de siroop au bain-froid (zie how-to blz. 63) terug, roer steeds even door zodat de warmte er snel uit gaat.

3 Giet de siroop bij het bruisend bronwater. En giet de chocoladesoda in een glas.

VOOR 3-4 GLAZEN

SIROOP
- 100 g suiker
- 50 g cacaopoeder
- ½ vanillestokje, opengesneden

EXTRA
- 500 ml bruisend bronwater
- 500 ml chocoladesiroop

BLACK ALBERT

1 Zet alle ingrediënten klaar voor het serveren.

2 Wrijf de sinaasappelschil over de rand van het glas. Giet 1,5 milliliter chocoladesiroop (zie recept blz. 287) in het glas. Giet wat Porter in het glas. Laat vervolgens langs de bolle kant van een lepel champagne in het glas lopen.

3 Maak de cocktail af met 3 druppels oranjebitter per glas.

VOOR 4 COCKTAILS

- 1 sinaasappelschil
- 6 ml chocoladesiroop
- 1 fles Porter
- 37,5 ml champagne
- 12 druppels oranjebitter

FLOATING CHOCOLATE OLD FASHIONED

DE ORIGINELE OLD FASHIONED KOMT UIT KENTUCKY EN IS VOOR HET EERST GEMAAKT IN 1881, MET DE PLAATSELIJKE BOURBON. IN TEGENSTELLING TOT WAT DE NAAM SUGGEREERT IS DEZE COCKTAIL ZEER TRENDY, VOORAL OMDAT HET VEELVULDIG WORDT GEDRONKEN DOOR DE HOOFDPERSOON IN DE POPULAIRE SERIE MAD MEN. HET CHOCOLADE-IJS IN DEZE COCKTAIL GEEFT DIT DRANKJE EEN HEMELS KARAKTER.

VOOR 1 COCKTAIL
- 1 suikerklontje
- 6 druppels angostura bitter
- 50 g bourbon
- 1 kleine bol pure chocolade-ijs

WARME BONBON
- 40 g slagroom
- 50 g melkchocolade, gehakt
- 10 g bourbon

EXTRA
- ijsklontjes

1 Vul een old Fashioned-glas met ijsklontjes.

2 Verhit voor de warme bonbon de slagroom tot tegen de kook aan en smelt de chocolade erin. Voeg de bourbon toe, proef even want misschien moet er nog wat bourbon bij en bewaar de bonbon warm op een temperatuur van ongeveer 45 °C.

3 Haal de ijsklontjes uit het old Fashioned-glas. Doe het suikerklontje in het glas met de angostura bitter en 6 druppels water. Laat het suikerklontje smelten. Giet de bourbon erbij en voeg het bolletje chocolade-ijs (zie how-to blz. 104) toe.

4 Voor het serveren breng je de warme bonbon aan met een lepeltje: net als kaviaar, op de muis van je gebalde vuist.

5 Eet eerst de warme bonbon en geniet dan van de cocktail.

FLOATING ESPRESSO-MARTINI

NAAST ONZE WINKEL IN DE WARMOESSTRAAT ZIT DE GROOTSTE STUDENTENVERENIGING VAN NEDERLAND (A.S.C./A.V.S.V.). DE STUDENTEN KOMEN WELEENS EEN IJSJE ETEN EN HEEL VEEL ESPRESSO'S DRINKEN MAAR ZE KOMEN VOORAL VOOR ONZE ESPRESSO-MARTINI. BIJ ONS STAAT DEZE DAN OOK OP HET MENU ALS DE A.S.C/A.V.S.V. SHAKE.
WE SERVEREN DE COCKTAIL NIET IN EEN MARTINI-GLAS MAAR IN EEN STEVIG COCKTAILGLAS, WANT DE STUDENTEN ZIJN NIET VAN ZACHT EN ZOETSAPPIG, MAAR GAAN VOORAL VOOR STOER. VOOR DIT HOOFD-STUK HEBBEN WE EEN SPECIALE COCKTAIL GEMAAKT MET EEN WARME BONBON ERBIJ, DIE SUPERSNEL TE MAKEN IS. EN MOCHT JE HET DRANKJE HELEMAAL OVER DE TOP LEKKER WILLEN MAKEN, GEBRUIK DAN EENS DE DOUBLE WWODKA VAN VAN WEES.

VOOR 2 STUKS
- 80 ml wodka
- 40 ml Tia Maria
- 2 espresso's
- 8 ijsklontjes
- 2 kleine bollen koffie-ijs

WARME BONBON
- 40 ml slagroom
- 40 g chocolade 70%, gehakt
- 10 ml wodka

1 Verhit voor de warme bonbon de slagroom tot tegen de kook aan en smelt de chocolade erin. Voeg de wodka toe, proef even want misschien moet er nog wat wodka bij en bewaar de bonbon warm op een temperatuur van ongeveer 45 °C.

2 Doe de wodka met de Tia Maria, de espresso en de ijsklontjes in de shaker en shake 30 seconden.

3 Giet het mengsel door een strainer (zeef) in de glazen en garneer met een bolletje koffie-ijs.

4 Voor het serveren breng je de warme bonbon aan met een lepeltje: net als kaviaar, op de muis van je gebalde vuist.

5 Eet eerst de warme bonbon en geniet dan van de cocktail.

SMOOTHIE

WARME CHOCOLADEMELK (MET SLAGROOM) HOORT BIJ KOUDE HERFST- EN WINTERDAGEN. DIT RECEPT IS JUIST HEERLIJK IN DE ZOMER. KOUDE CHOCO-LADEMELK, VERMENGD MET FRUIT, LEVERT EEN SOEPELE DORSTLESSER OP. DEZE DRANK GEEFT ZOWEL VERKOELING ALS ENERGIE OP DIE LANGE, ZONOVERGOTEN DAGEN.

VOOR 4 SMOOTHIES

- 80 g chocolade 70%, gehakt
- 50 g suiker
- 2 sinaasappels
- 1 banaan
- 1 peer
- 4 ijsklontjes

EXTRA

- ijsklontjes

1 Doe de extra ijsklontjes met wat water in een grote kom. Doe de chocolade in een kleinere, hittebestendig kom. Zet deze kom in het ijswater.

2 Breng in de steelpan 600 milliliter water en de suiker aan de kook. Giet het suikerwater op de chocolade en roer tot de chocolade gesmolten is. Laat afkoelen.

3 Verwijder de schil van de sinaasappel, haal de pitjes uit de partjes van het vruchtvlees en doe het vruchtvlees in de keukenmachine.

4 Pel de banaan, snijd in acht stukken en doe ze in de keukenmachine.

5 Schil de peer en snijd in vier parten. Verwijder het klokhuis en doe de peer in de keukenmachine.

6 Voeg het afgekoelde chocoladewater met vier ijsklontjes toe aan de keukenmachine en mix het tot een luchtige drank.

CHOCO-ZABAGLIONE

CAFÉ AL BICERIN STAAT IN TURIJN EN IS EEN HOOGTEPUNT TIJDENS EEN BEZOEK AAN DEZE STAD. BESTEL HIER EEN ZABAGLIONE EN JE KOMT ZEKER TERUG. HET GEHEIM... ZE KLOPPEN DE DRANK MET DE HAND.

VOOR 4 PERSONEN
- 60 g eidooier of 4 eidooiers
- 40 g suiker
- 120 ml marsala of sherry
- 10 g cacaopoeder

1 Meng de eidooiers met de suiker in een hittebestendige kom en klop het mengsel au bain-marie tot twee keer het volume.

2 Giet al kloppend de marsala of sherry er beetje bij beetje bij en voeg als laatste het cacaopoeder toe. Serveer de zabaglione direct, in een hoog glas.

TIP De toevoeging van cacao maakt deze zabaglione iets minder zoet.

NA HET MAKEN VAN JE EIGEN NUTELLA ZUL JE DIE UIT DE WINKEL NIET SNEL MEER ETEN, WANT DIE IS NAMELIJK WEL HEEL ZOET. EN ALS JE DAN TOCH DE SMAAK TE PAKKEN HEBT VAN ZELF PASTA MAKEN, PROBEER DAN OOK EENS DE SINAASAPPEL-CHOCOLADEMARMELADE, IK STOND VERSTELD VAN DEZE COMBINATIE. HELAAS ZIJN ER VEEL CHOCOLADEPASTA'S VERKRIJGBAAR DIE ENORM TEGENVALLEN, DAAROM STAAN ER IN DIT HOOFDSTUK PASTARECEPTEN DIE ZO MAKKELIJK TE MAKEN ZIJN DAT HET MEER TIJD KOST OM NAAR DE WINKEL TE GAAN DAN OM ER ZELF EEN TE MAKEN.

PASTA'S

HONING-CHOCOLADEPASTA 300   NUTELLA 303   WITTE-CHOCOLADEPASTA MET CASHEW 304
WITTE-, MELK- EN PURE CHOCOLADEPASTA 305   CHOCOLADE-SPECULOOSPASTA 306
CHOCOLADEPASTA MET PINDA'S 308   SINAASAPPEL-CHOCOLADEMARMELADE 309
CHOCOLADE-NOTENLIKKEPOT 310

HONING-CHOCOLADEPASTA

HET KORTSTE RECEPT UIT HET HELE BOEK, ZO GEMAAKT EN ZO LEKKER... MET DE HONING KUN JE EINDELOOS VARIËREN EN JE PERSOONLIJKE SMAAK ERAAN GEVEN.

VOOR 2-3 POTTEN
- 300 g honing (naar keuze)
- 150 g pure chocolade

1 Steriliseer potjes en deksels met kokend water en laat ze uitlekken.

2 Verhit de honing tot tegen het kookpunt aan en giet de chocolade erbij. Roer met een garde tot de chocolade is opgelost en giet de pasta in de potjes.

3 Deze pasta is ongeveer 2 maanden houdbaar in de koelkast.

NUTELLA

DE NUTELLA UIT DE WINKEL IS WEL ECHT HEEL ZOET, EN DAT KAN BEST LEKKER ZIJN MAAR SOMS WIL JE GRAAG IETS MINDER SUIKER.

1 Steriliseer potjes en dedeksels met kokend water en laat ze uitlekken.

2 Verwarm de oven voor tot 170 °C. Bekleed een bakplaat met bakpapier.

3 Leg de hazelnoten op de bakplaat en rooster ze in 10 tot 15 minuten goudbruin; schud de bakplaat af en toe tijdens het roosteren.

4 Haal de hazelnoten uit de oven en verwijder zo veel mogelijk van de velletjes; dit doe je door de noten te rollen in een grote zeef of in een schone theedoek.

5 Doe de noten zo heet mogelijk in de kom van de keukenmachine en vermaal ze met de olie en het zout tot een pasta. Voeg de suiker toe en daarna de cacaopoeder, honing en chocolade en laat de keukenmachine 30 minuten draaien tot er een dikke pasta is ontstaan.

6 Giet de pasta in de potjes. Deze pasta is ongeveer 2 maanden houdbaar in de koelkast.

VOOR 2-3 POTTEN
- 400 g hazelnoten, mag met vliesjes
- 50 g zonnebloemolie
- 1 g zout
- 165 g suiker
- 70 g cacaopoeder
- 45 g honing
- 110 g pure chocolade 70%, gehakt

TIP Met een kleine wals maak je er een echte pasta van, want de wals vermaalt alles veel fijner.

WITTE-CHOCOLADEPASTA MET CASHEW

IN TEGENSTELLING TOT WAT SOMS WORDT GEDACHT, IS WITTE CHOCOLADE WEL DEGELIJK EEN CACAO-PRODUCT – EN DAT PROEF JE! MAAR WITTE-CHOCOLADEPASTA KAN IETS EXTRA'S GEBRUIKEN OM HEM MEER SMAAK TE GEVEN, ZOALS MILDE ROMIGE CASHEWNOTEN. ZE VORMEN MET DE ZOETE, WITTE CHOCOLADE EEN PERFECTE COMBINATIE.

VOOR 2-4 POTTEN

- 200 g geroosterde cashewnoten
- 400 g slagroom
- 200 g witte chocolade, gehakt

1 Steriliseer potjes en deksels met kokend water en laat ze uitlekken.

2 Vermaal in de keukenmachine de cashewnoten tot een pasta. Kook intussen in een steelpan de slagroom tot deze heet is en voeg de cashewnoten toe.

3 Roer de witte chocolade door het hete cashewmengsel tot een egale pasta. Doe de pasta in de gesteriliseerde potten.

4 Deze pasta is 2 weken houdbaar in de koelkast.

WITTE-, MELK- EN PURE CHOCOLADEPASTA

1 Steriliseer potjes en deksels met kokend water en laat ze uitlekken.

2 Schraap met een mesje het zaad uit het vanillestokje.

3 Verhit de slagroom en honing, het vanillestokje en het zaad tot aan het kookpunt en haal de pan van de hittebron.

4 Voeg de chocolade toe en roer met de garde tot de chocolade is opgelost. Verwijder het vanillestokje en doe de pasta in een schone pot.

5 Deze pasta is 2 weken houdbaar in de koelkast. Haal de pasta voor gebruik uit de koelkast, want dan is hij beter smeerbaar.

VOOR 1 POTJE PER SMAAK

WIT
- ½ vanillestokje, opengesneden
- 140 g slagroom
- 10 g honing
- 100 g witte chocolade, gehakt

MELK
- ½ vanillestokje, opengesneden
- 140 g slagroom
- 20 g honing
- 80 g melkchocolade, gehakt

PUUR
- ½ vanillestokje, opengesneden
- 140 g slagroom
- 40 g honing
- 60 g chocolade 70%, gehakt

TIP Voeg ook eens smaken toe als marasquin, rozen, koffie, rum en ga zo maar door.

CHOCOLADE-SPECULOOSPASTA

WAT IS SPECULOOS EIGENLIJK? HET IS DE BELGISCHE VARIANT VAN SPECULAAS. VROEGER WAREN IN BELGIË DE DURE SPECERIJEN DIE IN SPECULAAS ZITTEN MOEILIJK TE KRIJGEN, ALS ALTERNATIEF ONTWIKKELDEN DE BELGEN EEN GOEDKOPERE VERSIE MET KANDIJSTROOP EN GEKARAMELLISEERDE SUIKER. DAT IS HET VERHAAL ACHTER SPECULOOS. LOOS = ZONDER SPECERIJEN. INMIDDELS ZIJN ER ZOVEEL MENSEN DOL OP DAT DE SUPERMARKT ER VOL MEE STAAT, MAAR JE EIGENGEMAAKTE VERSIE MET CHOCOLADE IS NATUURLIJK DE ALLERBESTE.

VOOR 2 POTTEN
- 500 g speculooskoekjes
- 240 g zonnebloemolie
- 240 g melk- of pure chocolade, gesmolten

1 Vermaal in de keukenmachine de koekjes met de olie tot een pasta. Voeg naar smaak de chocolade toe. Blijf mengen tot er een smeuïge pasta is ontstaan.

2 Verdeel de pasta over schone potten. Deze pasta is 2 maanden houdbaar in de koelkast.

TIP Met een kleine wals gaat het malen en mengen heel snel en krijg je een veel beter resultaat.

CHOCOLADEPASTA MET PINDA'S

IEDEREEN IN NEDERLAND IS GEK OP PINDAKAAS. HONGERIG EN HAASTIG, SNEL EEN BOTERHAMMETJE MET PINDAKAAS. SOMMIGE MENSEN VOEGEN ER NOG EEN INGREDIËNT AAN TOE, ZOALS JAM, BANAAN, SAMBAL OF HAGELSLAG. WAT IS NOU MOOIER DAN JE EIGEN POTJE PINDAKAAS, ZELFGEMAAKT EN PRECIES ZOALS JE HET WILT? NATUURLIJK MAG DE CHOCOLADE DAARBIJ NIET ONTBREKEN.

VOOR 2-3 POTTEN
- 400 g blanke pinda's, ongezouten
- 60 g zonnebloemolie
- 100 g chocolade 70%, gehakt
- zout

1 Verwarm de oven voor tot 170 °C. Bekleed een bakplaat met bakpapier.

2 Verdeel de pinda's over de bakplaat en rooster ze in 10 tot 15 minuten goudbruin in de oven.

3 Doe de geroosterde pinda's met de olie in de keukenmachine en vermaal tot een pasta. Voeg de chocolade en wat zout naar smaak toe en meng nog wat langer tot een smeuïge pasta.

4 Verdeel de pasta over schone potten. Deze pasta is 2 maanden houdbaar in de koelkast.

TIP Met warme noten gaat het maken van een pasta nog veel makkelijker.

SINAASAPPEL-CHOCOLADEMARMELADE

1 Steriliseer potjes en deksels met kokend water en laat ze opdrogen.

2 Borstel de sinaasappels en de citroen schoon onder lauw water. Schil de sinaasappels en de citroen met een dunschiller. Zorg ervoor dat er geen witte velletjes meekomen, want die smaken bitter. Voeg de schillen toe aan 400 milliliter kokend water met het zout. Kook 2 minuten en giet de schillen af door een zeef. Doe weer 400 milliliter water in de pan met de schillen, kook ze 2 minuten en giet af in de zeef. Doe weer 400 milliliter water in de pan met de schillen, kook ze 2 minuten en giet af in een zeef.

3 Pers de sinaasappels en citroen uit tot je ongeveer 300 milliliter sap hebt. Voeg het sap met de geleisuiker toe aan de pan met de schillen en laat 4 minuten koken. Voeg de chocolade toe en meng het geheel goed met de staafmixer.

4 Vul de potjes met de chocolade-marmelade tot bijna aan de rand. Sluit de potjes af en keer ze om.

5 Keer de potten na 1 uur weer om: als je een klik hoort dan zitten de potten goed dicht. Deze pasta is 2 maanden houdbaar in de koelkast.

VOOR 2-3 POTTEN
- 3 sinaasappels
- 1 citroen
- 10 g zout
- 250 g geleisuiker
- 200 g chocolade 70%, gehakt

CHOCOLADE-NOTENLIKKEPOT

BIJ 'LIKKEPOT' DENKEN VEEL MENSEN IN EERSTE INSTANTIE AAN HET RIJMPJE MET DE VINGERS: 'EERST NOG WAT ETEN' ZEI LIKKEPOT, MAAR VAN DEZE CHOCOLADE-LIKKEPOT WORD OOK JIJ VANZELF EEN SNOEPERD.

VOOR 2-3 POTTEN
- 200 g hazelnoten, mag met vliesjes
- 400 g melk
- 50 g slagroom
- 50 g honing
- 1 g zout
- 150 g melkchocolade, gehakt of
  140 g pure chocolade 70%, gehakt

1 Steriliseer potjes en deksels met kokend water en laat ze opdrogen.

2 Verwarm de oven voor tot 160 °C. Bekleed een bakplaat met bakpapier.

3 Leg de hazelnoten op de bakplaat en rooster ze in 10 tot 15 minuten goudbruin; schud de bakplaat af en toe tijdens het bakken.

4 Verhit in de steelpan de melk, slagroom, honing en het zout tot aan het kookpunt.

TIP Eet het eens met een snee geroosterd witbrood!

5 Haal de hazelnoten uit de oven en verwijder zo veel mogelijk van de velletje; dit doe je door de hazelnoten te rollen in een grote zeef of een schone theedoek. Doe de noten zo heet mogelijk in de kom van de keukenmachine en vermaal ze tot een pasta.

6 Giet het slagroommengsel, als het net kookt, in een kleine straal bij de noten in de kom van de keukenmachine tot er een gladde pasta ontstaat. Voeg dan de melk- of pure chocolade toe. Meng goed tot alle chocolade is gesmolten.

7 Verdeel de pasta over schone potten. Deze pasta is 8 dagen houdbaar in de koelkast.

ZE BESTAAN IN ALLERLEI SOORTEN EN MATEN. IN DIT HOOFDSTUK STAAN EEN AANTAL KLASSIEKERS, ZOALS DE KERSENBONBONS EN DE WITTE MANON CAFÉ, MAAR OOK EEN AANTAL MODERNE RECEPTEN, ZOALS DE AMANDEL-ZEEZOUTROTSJES EN DE SHROPSHIRE-TRUFFEL. ÉÉN DING HEBBEN ZE ALLE IN IEDER GEVAL GEMEEN: EEN LUXUEUZE SMAAK ÉN UITSTRALING.

BONBONS, TRUFFELS, DRAGEES EN FLIKKEN

CHOCOLADE-KARAMELTRUFFELS **315** BONBONS MET AMANDEL **316** BONBONS MET KARAMEL-ZEEZOUT **320**
KERSENBONBONS **322** BONBONS MET WATERGANACHE **324** MARSEPEINHARTJES **327**
AMANDEL-ZEEZOUTROTSJES GEROOSTERD IN HONING **328** CHOCOLADETRUFFELS MET WHISKY **331**
DROP CHOC **332** SLAGROOMTRUFFELS **335** PINDAROTSJES **337** BONBONS MET PISTACHE **339**
SHROPSHIRE-TRUFFEL **340** BEN HUR **345** PECAN-FUDGEBONBON **347** WITTE MANON CAFÉ **348**
AMANDELDRAGEES **350** CHOCOLADE-FUDGEBLOKJES **352** CITROENETTES **355** ZOETHOUTLOLLY **357**
PAASEITJES **359** KILIMANJARO-BONBON **362** FLIKKEN **363** HAZELNOOTDRAGEES **365**
CHOCOLADEKARAMELS **367** BONBONS MET LIKEUR **368** MARSHMALLOWS MET CHOCOLADE **371**
CHOCOLADEBORSTPLAAT **374** MUNTBONBONS **376**

CHOCOLADE-
KARAMELTRUFFELS

1 Bekleed een bakplaat met bakpapier.

2 Verwarm op laag vuur de slagroom in een steelpan. Maak de karamel (zie how-to blz. 110). Meng de slagroom met de karamel.

3 Laat de karamel-slagroom op laag vuur verder smelten. Koel het mengsel vervolgens au bain-froid (zie how-to blz. 63) af tot een temperatuur van 23 tot 25 °C.

4 Klop met de mixer de boter luchtig en giet in een straaltje de afgekoelde karamel-slagroom bij de boter. Meng goed tot de boter is opgenomen en voeg als laatste de zoutflakes toe.

5 Doe het mengsel in een (wegwerp)spuitzak en knip de punt eraf. Spuit doppen op een (bak)plaat en laat de doppen in de vriezer stevig worden.

6 Smelt de chocolade tot een temperatuur van ongeveer 35 °C. Zeef de poedersuiker op een bakplaat. Haal de doppen eerst een voor een door de chocolade. Leg ze dan in de poedersuiker en rol ze met een vork een paar keer om.

VOOR 60 STUKS
- 250 g slagroom
- 200 g suiker
- 200 g boter, op kamertemperatuur, in blokjes
- 2 g zoutflakes
- 500 g chocolade 70%
- 150 g poedersuiker

BONBONS MET AMANDEL

BONBONS MAKEN IS ECHT EEN KWESTIE VAN GOED OEFENEN, JE DOET HET NIET ZOMAAR EVEN. DIT EENVOUDIGE RECEPT IS EEN GOED BEGIN OM MET OEFENEN TE STARTEN.

VOOR 60-80 STUKS

- 400 g hele amandelen, zonder vlies
- 200 g boter, op kamertemperatuur
- 1 g vanille-extract
- 200 g melkchocolade, getempereerd
- 200 g pure chocolade, getempereerd
- 750 g pure chocolade 70%, getempereerd

EXTRA
- olijfolie

1 Verwarm de oven voor tot 170 °C. Bekleed een bakplaat met bakpapier.

2 Verdeel de amandelen (gebruik bij voorkeur platte, Spaanse, blanke amandelen) over de bakplaat en rooster ze in de oven in 10 tot 15 minuten goudbruin.

3 Haal de amandelen uit de oven en doe 250 gram van de amandelen in de keukenmachine. Vermaal ze tot pasta. Voeg 1 eetlepel olijfolie toe mocht de pasta niet smeuïg genoeg zijn. Blijf malen tot er een mooie gladde amandelpasta is ontstaan. Laat de pasta afkoelen tot ongeveer 25 °C of handwarm.

4 Zet een vlakke plaat met bakpapier klaar.

5 Klop de boter luchtig en voeg de vanille toe. Voeg als de vanille is opgenomen de amandelpasta toe en doe er vervolgens de 200 gram melk- en de 200 gram pure chocolade bij (zie how-to blz. 70-75) en meng het geheel tot een luchtige en homogene massa.

6 Vul een (wegwerp)spuitzak met de luchtige massa. Knip de punt eraf en spuit in een ronddraaiende beweging torentjes op het bakpapier.

7 Leg op elk torentje een hele amandel en laat stevig worden.

8 Dompel de bonbonvulling tot net onder de amandel in de 750 gram chocolade en til ze per stuk met de vork uit de chocolade. Laat de overtollige chocolade eraf lopen en zet de bonbons op een stuk plasticfolie.

BONBONS MET KARAMEL-ZEEZOUT

1 Doe de slagroom in de pan en laat op middelhoog vuur heet worden, maar zorg ervoor dat de slagroom niet gaat koken.

2 Maak de karamel (zie how-to blz. 110). Giet hiervoor in een steelpan een dunne laag suiker. Laat de suiker op middelhoog vuur smelten zonder te roeren, maar door de pan goed te schudden. Voeg zodra de suiker is gesmolten telkens opnieuw een dunne laag suiker toe en blijf schudden. Als alle suiker in de pan zit, zal de suiker niet meer vanzelf smelten, roer dan alles met de spatel goed door om te voorkomen dat de suiker aanbrandt. Blijf roeren totdat de vloeistof een egale, lichte karamelkleur heeft gekregen.

3 Voeg dan de inmiddels hete slagroom en de glucosestroop toe en verhit tot 107 °C.

4 Voeg de boter en het zeezout toe, meng goed en giet de karamel in een kom. Laat au bain-froid afkoelen tot 25 °C (zie how-to blz. 63). De karamel kan ook in een weckpot worden bewaard.

5 Breng de bonbonvormen op een mooie egale temperatuur van ongeveer 25 °C, bijvoorbeeld met een föhn. Bij deze temperatuur krijgt de chocolade na het stollen een mooie glans. Door de warme vorm met de achterkant tegen je wang te houden kun je voelen of de temperatuur gelijkmatig is verdeeld.

VOOR CA. 75 STUKS

- 350 g slagroom
- 250 g suiker
- 50 g glucosestroop
- 100 g boter, in blokjes
- 750 g chocolade, getempereerd
- 2 g zeezout

6 Giet langs een pollepel de getempereerde chocolade in de bonbonvorm en strijk de boven- en zijkanten schoon met het paletmes.

7 Dribbel (zie how-to blz. 79) de vorm flink op het aanrecht zodat de luchtbelletjes kunnen ontsnappen.

8 Keer de vorm na 1 minuut om en tik de overtollige chocolade terug in de kom. Strijk met een paletmes de vorm schoon. Er zit nu een dun laagje chocolade in de vorm.

9 Doe de afgekoelde karamel in een (wegwerp)-spuitzak, knip er een klein puntje af en vul de bonbons tot 2 millimeter onder de rand. Laat de bonbons 1 uur rusten.

10 Giet getempereerde chocolade over de onderkant van de bonbons en strijk daarna met het paletmes over de vorm zodat het er strak uitziet. Zet de vorm 30 minuten in de koelkast.

11 Keer dan de vorm rustig om en laat de bonbons voorzichtig uit de vorm vallen.

KERSENBONBONS

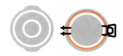

RUMBONEN, BOERENJONGENS EN KERSEN-BONBONS… LEKKERNIJEN UIT DE OUDE DOOS. EEN DOOS KERSENBONBONS WAS IN VROEGER TIJDEN EEN CHIC CADEAU EN VOOR GELIEFDEN DE ULTIEME VERLEIDING. JE KUNT DIE OUDERWETSE BONBONS GEWOON ZELF MAKEN! HET VERGT WEL EEN PAAR MAANDEN GEDULD, MAAR JE WORDT DIK BELOOND MET HET RESULTAAT.

VOOR 80 TOT 100 STUKS
- 1 kilo kersen met steel
- 300 g suiker
- 500 g brandewijn
- 250 g witte fondant, bij de banketbakker
- 1 kilo chocolade 70%, getempereerd
- 250 g pure hagelslag

1 Was en ontpit de kersen en sorteer ze op kwaliteit.

2 Leg een eerste laag kersen in een grote weckpot (van circa 2 liter) en doe er wat suiker op en herhaal dit tot alle kersen en de suiker in de pot zitten. Giet de brandewijn erover en sluit de pot af. Zet de weckpot op een koele en donkere plek en schud iedere dag even tot alle suiker is opgelost. Na 1 tot 2 maanden zijn de kersen klaar om verwerkt te worden tot kersenbonbons.

3 Laat de kersen in een zeef uitlekken en vang het vocht op in een kom.

4 Zet alle kersen op een rooster met de steeltjes omhoog en droog de steeltjes met een föhn.

5 Verwarm de fondant tot 50 °C, doop de kersen per stuk aan de steel in de fondant en laat ze op bakpapier drogen.

6 Dip de fondantkersen in de getempereerde chocolade zodra ze helemaal droog zijn. Bestrooi de bonbons met hagelslag en laat ze hard worden.

BONBONS MET WATERGANACHE

DEZE ZEER AROMATISCHE WATERGANACHE GEROLD IN CACAOPOEDER IS GESCHIKT VOOR MENSEN MET EEN LACTOSE-INTORERANTIE. DE KRUIDEN-SPECERIJEN KUNNEN WEGGELATEN WORDEN VOOR EEN MOOIE PURE CHOCOLADESMAAK, JE MOET DAN WEL MET KWALITEITSCHOCOLADE WERKEN, ZODAT DE FRISSE CHOCOLADESMAKEN GOED NAAR VOREN KOMEN.

VOOR 40-45 STUKS

- 250 g chocolade 70%, gehakt
- 1 vanillestokje
- 1 kaneelstokje
- rasp van 1 sinaasappel
- 1 g chilipeper of -vlokken
- 2 g zout
- 100 g glucosestroop
- 100 g suiker
- 150 g cacaopoeder

1 Bekleed een cakevorm met bakpapier.

2 Doe de chocolade in een kom. Snijd het vanillestokje open en schraap het zaad eruit. Voeg het zaad toe aan de chocolade en bewaar het stokje.

3 Kook 180 milliliter water in een steelpan. Haal de pan van het vuur en voeg het kaneelstokje, de sinaasappelrasp, chilivlokken, het vanillestokje en zout toe. Laat 20 minuten in de pan op het werkblad staan.

4 Maak in een steelpan op middelhoog vuur een lichte karamel door de glucosestroop te mengen met de suiker (zie how-to blz. 110).

5 Verwarm het water met de specerijen tot maximaal 70 °C en blus daarmee de karamel af. Verwarm het mengsel tot alle karamel gesmolten is. Giet de karamel door een zeef in de kom met chocolade en roer glad. Giet de ganache in de cakevorm en laat opstijven in de koelkast.

6 Haal na 1 uur de ganache uit de koelkast en stort op een snijplank bestoven met cacaopoeder. Verwijder het bakpapier en snijd de ganache in stukjes. Rol de ganache met de hand door het cacaopoeder tot bolletjes. Schud overtollig cacaopoeder van de bolletjes.

TIP Deze bonbons zijn in de koelkast 1 week houdbaar.

MARSEPEINHARTJES

1 Meng in een steelpan de suiker met 40 milliliter water, de honing, frambozen en het citroensap en kook tot een temperatuur van 120 °C.

2 Vermaal in de keukenmachine de amandelen en giet de kokende suikerstroop erbij. Meng 1 tot 2 minuten goed door. Voeg de poedersuiker toe en meng goed.

3 Haal de marsepein uit de keukenmachine en leg het op bakpapier. Leg er een vel bakpapier op en rol de marsepein uit tot een dikte van 10 tot 12 millimeter. Zet de marsepein 1 uur in de koelkast om stevig te worden.

4 Verwijder het bakpapier en zeef wat poedersuiker over de marsepein. Veeg het overtollige poedersuiker weg, keer de plak om. Verwijder ook dat bakpapier en zeef wat poedersuiker over deze kant van de marsepein. Veeg het overtollige poedersuiker weg.

5 Steek hartjes uit de marsepein en rol de overgebleven marsepein opnieuw uit, gebruik poedersuiker tegen het plakken.

6 Dip de marsepeinhartjes met een doorhaalvork een voor in de getempereerde chocolade (zie how-to blz. 70-75). Haal ze met een schuine beweging omhoog, zo ontstaan er twee mooi opgaande lijnen op de hartjes. Laat de hartjes op een stuk plasticfolie van de vork afglijden. Decoreer eventueel met gekonfijte rozenblaadjes (zie recept blz. 210).

VOOR 50-75 STUKS

- 180 g suiker
- 60 g honing
- 60 g verse frambozen
- 2 g citroensap
- 350 g amandelen, vliesjes verwijderd, licht geroosterd
- 150 g poedersuiker, plus extra om te bestuiven
- 750 g chocolade, getempereerd

TIP Marsepein kan in een goed afgesloten bak in de koelkast 3 maanden worden bewaard.

AMANDEL-ZEEZOUTROTSJES GEROOSTERD IN HONING

KINDEREN VINDEN HET EEN FEEST OM DEZE ROTSJES TE HELPEN MAKEN. ZET ZE AAN HET WERK EN LAAT ZE LEKKER HUN GANG GAAN. HET IS EVEN ZOEKEN NAAR SPLITAMANDELEN, MAAR ZE ZIJN TE KOOP, SNIJD ANDERS HALVE AMANDELEN MET EEN MES IN STROOKJES.

VOOR 100 STUKS
- 30 g honing
- 400 g splitamandelen
- 20 g cacaoboter
- 200 g melkchocolade, getempereerd
- 2 g zoutflakes

1 Verwarm de oven voor tot 140 °C. Bekleed een bakplaat met bakpapier.

2 Breng de honing in een steelpan tegen de kook aan. Meng met een spatel de honing en de amandelen in een kom en verdeel ze over de bakplaat. Rooster de amandelen ongeveer 35 minuten in de oven tot ze goudbruin zijn.

3 Laat de amandelen afkoelen, maak er met de hand weer kleine stukjes van en doe ze in een kom. Breng de amandelen au bain-marie op een temperatuur van 22 tot 25 °C, dat is de ideale temperatuur voor het verwerken van de amandelen met chocolade.

4 Smelt de cacaoboter en breng tot een temperatuur van 32 tot 35 °C. Meng de cacaoboter met de melkchocolade en zoutflakes. Voeg het mengsel toe aan de amandelen en meng heel goed.

5 Schep met een lepel de amandelen uit de kom en schuif met de andere lepel de amandelen op een vel plasticfolie en probeer zo hoog mogelijk bergjes te maken.

CHOCOLADETRUFFELS MET WHISKY

BIJ DIT RECEPT IS DE KEUZE VAN DE WHISKY BELANGRIJK VOOR DE SMAAK VAN DE TRUFFEL. DAT IS NOG EEN HELE KLUS: ER IS NAMELIJK EEN KEUZE UIT WEL VIJFDUIZEND SOORTEN SINGLE MALT WHISKY. DE VOORKEUR GAAT UIT NAAR EEN SOORT WAARVOOR TURF IS GEBRUIKT TIJDENS DE PRODUCTIE. DE SMAAK IS ROKERIG EN MEDICINAAL, ZOALS BIJ EEN LAPHROAIG WHISKY. OVERWELDIGEND IN COMBINATIE MET PURE CHOCOLADE.

VOOR 75-80 STUKS

- 240 g chocolade 70%, gehakt
- 240 g slagroom
- 60 g honing
- 1 g gerookte zoutflakes
- 50 g whisky
- 60 g boter
- 200 g cacaopoeder

1 Bekleed een bakvorm van 20x20 centimeter met bakpapier.

2 Doe de chocolade in een kom. Doe de slagroom, honing en het zout in een steelpan en breng al roerende met een garde tot aan het kookpunt. Giet het bij de chocolade. Roer tot de chocolade is gesmolten. Giet de whisky erbij en roer tot een gladde ganache.

3 Verwarm de ganache tot een temperatuur tussen de 30 en 35 °C. Voeg de boter toe en pureer met de staafmixer tot een homogene massa. Giet de massa in de bakvorm en zet de vorm 3 uur in de koelkast.

4 Haal de ganache uit de koelkast en stort op een snijplank bestoven met cacaopoeder. Verwijder het bakpapier en snijd de ganache in stukjes. Rol de ganache met de hand door het cacaopoeder tot bollet_es. Schud overtollig cacaopoeder van de bolletjes.

DROP CHOC

NEDERLANDERS ZIJN GEK OP DROP. WAT MEN VAAK NIET VERWACHT, IS DAT ZOUTIGE DROP EN ZOETE CHOCOLADE EEN VERRASSEND LEKKERE COMBINATIE IS. ER ZIJN ZOVEEL VERSCHILLENDE SOORTEN DROP OP DE MARKT, DAT JE VOOR DE DROP CHOCS EINDELOOS KUNT VARIËREN. IN DIT RECEPT WORDT MUNTDROP GEBRUIKT.

VOOR CA. 100-150 STUKS
- 20 g poedersuiker
- 1 g oranje poederkleurstof
- 400 g dropjes, naar keuze
- ijsklontjes
- 200 g melkchocolade, gesmolten

1 Meng de poedersuiker en oranje kleurstof en zeef het mengsel in een kom.

2 Laat de dropjes au bain-froid (zie how-to blz. 63) afkoelen in een kleine kom (gebruik daarbij ijsblokjes). Spatel ze ongeveer 2 minuten energiek door zodat ze goed afkoelen. Giet 100 gram gesmolten chocolade op een temperatuur van ongeveer 40 °C op de dropjes en schep de chocolade door de dropjes, zorg ervoor dat de dropjes niet aan elkaar gaan kleven.

3 Giet als de chocolade is gestold en de dropjes allemaal los zijn van elkaar, de andere 100 gram chocolade over de chocoladedropjes en spatel weer energiek door. Meng als de chocolade goed is verdeeld en alle dropjes per stuk in de kom liggen de oranje poedersuiker erdoor.

4 En voilà, de chocoladedropjes zijn klaar!

SLAGROOMTRUFFELS

DEZE ELEGANTE KLASSIEKER ZAL NOOIT UIT DE TOP TIEN VERDWIJNEN. EEN PERFECTE CHOCOLADE-TRUFFEL IS MOEILIJK TE EVENAREN EN GAAT NOOIT VERVELEN. KNAPPERIGE, PITTIGE CHOCOLADE, MET EEN VULLING VAN FLUWEELZACHTE ROOM IS DE BASIS. DE ROOM KAN WORDEN VERRIJKT MET LIKEUR.

VOOR 70-100 STUKS
- 1 vanillestokje
- 450 g slagroom
- 250 g suiker
- mespunt zout
- 250 g boter, op kamertemperatuur
- likeur, naar keuze, optioneel
- 250 g cacaopoeder
- 600 g chocolade, gesmolten

1 Bekleed een bakplaat met bakpapier.

2 Snijd het vanillestokje open en schraap het zaad eruit. Meng in de steelpan slagroom, suiker, het zout, vanillestokje en vanillezaad. Verwarm de slagroom tot hij kookt en roer met een garde tegen aanbranden.

3 Koel de slagroom au bain-froid af (zie how-to blz. 63). Blijf steeds met de garde roeren om het afkoelen te versnellen. Laat de slagroom afkoelen naar 20 tot 25 °C. Verwijder het vanillestokje.

4 Klop de boter luchtig. Giet in delen de slagroom bij de opgeklopte boter. Blijf goed kloppen tot er een luchtig mengsel ontstaat. Voeg naar smaak de likeur toe.

Zie de volgende pagina voor het vervolg van dit recept.

5 Doe het spuitmondje in de spuitzak. Vul de spuitzak met het luchtige slagroommengsel.

6 Spuit zo veel mogelijk mooie doppen op een bakplaat en zet die in de vriezer.

7 Strooi het cacaopoeder over een andere bakplaat (je kunt het cacaopoeder mengen met poedersuiker, alleen moet je het daarna wel wegdoen).

8 Als de truffels bevroren zijn, kunnen ze per stuk door de pure of melkchocolade (gesmolten tot een temperatuur van 40 °C) gehaald worden. Rol de truffels met een vork zijwaarts door de cacaopoeder zodat ze een grillige buitenkant krijgen.

PINDAROTSJES

HEB JE PLOTSELING ENORME TREK IN IETS LEKKERS? KIJK EVEN IN JE KEUKENKASTJES. HEB JE PINDA'S IN HUIS EN CHOCOLADE, GA DAN AAN DE SLAG. MEER HEB JE NIET NODIG OM DEZE PINDAROTSJES TE MAKEN.

VOOR 60 STUKS
- 400 g pinda's, geroosterd en ongezouten
- 200 g melkchocolade, getempereerd

1 Meng de pinda's en de melkchocolade heel goed in een kom, eventueel au bain-marie.

2 Schep met een lepel de chocoladepinda's uit de kom en schuif ze met de andere lepel op een stuk plasticfolie. Probeer zo hoog mogelijke rotsjes te maken.

BONBONS MET PISTACHE

1 Meng de suiker, 80 milliliter water, de honing en het citroensap in een steelpan en breng aan de kook tot een temperatuur van 120 °C.

2 Doe de amandelen en pistachenoten in de keukenmachine en vermaal tot een pasta. Giet de kokende suikerstroop erbij en meng in 1 tot 2 minuten tot een taaie massa. Schep de massa over in een kom en meng met de hand de poedersuiker erdoor.

3 Leg de pistache-marsepein op een vel bakpapier en leg er een ander vel bakpapier op. Rol de marsepein uit tot ongeveer 1 centimeter dikte. Leg de marsepein zeker 1 uur in de koelkast.

4 Verwijder het bakpapier en zeef wat poedersuiker over de marsepein. Veeg het overtollige poedersuiker weg en keer de plak om. Verwijder ook dat bakpapier en zeef wat poedersuiker over deze kant van de marsepein. Veeg het overtollige poedersuiker weg.

5 Steek hartjes uit de marsepein en rol de overgebleven marsepein opnieuw uit; gebruik poedersuiker tegen het plakken.

6 Haal een voor een met de doorhaalvork de marsepeinen hartjes door de getempereerde chocolade. Laat de bonbons op een stuk plasticfolie van de vork af glijden. Dip elke bonbon met de doorhaalvork even in het oppervlak van de chocolade. Haal de bonbon met een schuine beweging omhoog, zo ontstaan er twee mooi opgaande lijnen op de bonbon. Leg tussen de lijnen een pistachenootje als decoratie.

VOOR 50-75 BONBONS

- 180 g suiker
- 60 g honing
- 2 g citroensap
- 150 g amandelen, vliesjes verwijderd, licht geroosterd
- 200 g pistachenoten, licht geroosterd
- 150 g poedersuiker
- 750 g chocolade 70%, getempereerd

EXTRA

- poedersuiker, om mee te bestuiven
- pistachenoten, ter decoratie

SHROPSHIRE-TRUFFEL

HET IS MISSCHIEN EEN VREEMDE COMBINATIE: KAAS MET CHOCOLADE. MAAR DEZE KRACHTIGE EN TEGELIJK ZACHTE KAAS GAAT JUIST HEEL GOED SAMEN MET MELKCHOCOLADE. EEN ABSOLUTE SMAAKSENSATIE IN DE MOND.

VOOR 60 STUKS

- 150 g slagroom
- 75 g honing
- 150 g boter, op kamertemperatuur, in blokjes
- 75 g Shropshire Blue, fijngesneden
- 150 g melkchocolade
- 750 g melkchocolade, gesmolten
- 100 g poedersuiker
- 50 g cacaopoeder

1 Bekleed een bakplaat met bakpapier.

2 Verhit de slagroom en honing tot het kookpunt en koel het mengsel au bain-froid (zie how-to blz. 63) terug tot een temperatuur van 23 tot 25 °C.

3 Klop de boter luchtig en giet er in een straaltje de afgekoelde slagroom bij. Meng tot een luchtig geheel. Klop de kaas erdoor en meng tot een luchtige botercrème.

4 Smelt de 150 gram chocolade tot een temperatuur van 35 tot 40 °C en klop de chocolade door de luchtige botercrème.

5 Doe een spuitmondje in de (wegwerp)spuitzak en vul de spuitzak met de vulling. Knip de spuitzak open. Spuit druppelvormige 'muizen' op het bakpapier en zet de bakplaat 30 minuten in de vriezer of 1 uur in de koelkast.

6 Zeef de poedersuiker en het cacaopoeder op een (bak)plaat.

7 Haal een paar vullingen uit de koelkast als ze hard zijn en haal ze een voor een door de 750 gram gesmolten melkchocolade (op een temperatuur van 35 °C). Leg ze in de cacaopoedersuiker en rol ze een keer om. Herhaal dit met alle vullingen.

TIP Bewaar de truffels maximaal 1 week in de koelkast.

BEN HUR

1 Verwarm de oven voor tot 170 °C.

2 Leg de walnoten op een bakplaat en rooster de noten in 10 minuten goudbruin. Laat ze op een rooster afkoelen.

3 Maak voor de mokkapasta een karamel van de suiker (zie how-to blz. 110). Blus de karamel af met hete ristretto/espresso en los de oploskoffie erin op.

4 Klop de boter luchtig en doe er in delen de poedersuiker en 30 gram mokkapasta bij. Doe het spuitmondje in de (wegwerp)spuitzak en vul de spuitzak met de mokkacrème. Knip de punt eraf.

5 Verdeel de halve walnoten op een (bak)plaat met bakpapier en spuit een flinke bol mokkacrème op elke walnoot. Leg er een walnoot op en druk deze zachtjes aan. Laat de vulling in 30 minuten hard worden in de koelkast.

6 Dompel de vulling in de chocolade, haal eruit met een doorhaalvork en tik de overtollige chocolade eraf. Leg de bonbon op plasticfolie en laat hard worden. Het doorhalen is best wel lastig door de ongelijke structuur van de walnoten. Je kunt met een tweede vork op de bovenste walnoot de bonbon in balans houden. Probeer de eerste Ben Hur die hard is geworden en leg de rest op een schaal voor de gasten.

VOOR 70-100 STUKS

- 300 g gehalveerde walnoten, vliesjes verwijderd
- 500 g boter, op kamertemperatuur, in blokjes
- 400 g poedersuiker
- 750 g melkchocolade, getempereerd

MOKKAPASTA

- 15 g suiker
- 30 ml of 2 ristretto's of espresso's
- 10 g oploskoffie

TIP Deze bonbons zijn vers het allerlekkerste. Je kunt ze 1 week luchtdicht verpakt bewaren in de koelkast of ze invriezen.

PECAN-FUDGEBONBON

1 Bekleed een bakvorm (23x28 centimeter) met bakpapier.

2 Kook de suiker met de slagroom, honing, boter en zout tot een temperatuur van 120 °C. Roer goed door.

3 Snijd de pecannoten grof en meng ze met het slagroommengsel. Giet het mengsel in een bakvorm, dek goed af en laat in 3 uur uitharden op kamertemperatuur.

4 Keer de vorm om, verwijder het bakpapier en smeer de onderkant royaal en zo vlak mogelijk in met getempereerde chocolade. Laat de chocolade hard worden.

5 Snijd met een koksmes de brede kant van de fudge in vier stroken en snijd de stroken vervolgens in blokjes van maximaal 1 centimeter breed, liefst smaller.

6 Leg de bonbon op een brede doorhaalvork en dompel deze vervolgens tot boven de rand in de chocolade. Haal de bonbon eruit, dribbel goed om de overtollige chocolade eraf te schudden.

7 Leg de fudgebonbons op plasticfolie om hard te worden.

VOOR 40-50 STUKS

- 200 g suiker
- 140 g slagroom
- 60 g honing
- 60 g boter
- mespunt zout
- 80 g pecannoten, geroosterd
- 750 g chocolade 70%, getempereerd

WITTE MANON CAFÉ

DE 'MANON' IS DE MEEST POPULAIRE BELGISCHE WITTE BONBON. HET IS PRALINÉ MET EEN GEGRILDE HAZELNOOT, GEHULD IN WITTE CHOCOLADE.

VOOR 60-70 STUKS

ONDERLAAG (GIANDUJA)
- 200 g hazelnoten, vliesjes verwijderd
- 75 g poedersuiker
- 200 g melkchocolade, in stukjes gehakt

BOVENLAAG
- 400 g boter, op kamertemperatuur, in blokjes
- 250 g poedersuiker
- 50 g glucosestroop
- ½ vanillestokje, alleen het zaad

EXTRA
- 100 g hazelnoten, vliesjes verwijderd
- 750 g witte chocolade, getempereerd

1 Verwarm de oven tot 170 °C.

2 Leg alle (300 gram) hazelnoten op het bakblik en rooster de noten in 10 minuten goudbruin.

3 Doe 200 gram van de warme hazelnoten in de keukenmachine en vermaal ze tot een pasta. Voeg de poedersuiker en melkchocolade toe en meng tot een mooie egale massa. Giet het mengsel in een bakvorm (24x28 centimeter) in een laag van ongeveer 5 millimeter dik. Zet in de koelkast om uit te laten harden.

4 Klop voor de bovenlaag de boter luchtig. Voeg in drie delen de poedersuiker, glucosestroop en het vanillezaad toe en klop het tot een luchtig geheel. Giet het mengsel op de gianduja en strijk het uit tot een gelijkmatige laag. Dek de bakvorm af met plasticfolie en zet 1 uur in de koelkast.

5 Keer de vulling om op een werkblad en smeer de bodem in met een dunne laag getempereerde witte chocolade. Laat de chocolade hard worden.

6 Keer de plak om en snijd met een warm, maar droog mes de plak in vierkantjes van ongeveer 25x20 millimeter. Druk een geroosterde hazelnoot in het midden. Haal de vulling met de doorhaalvork door de witte chocolade en laat de manons op plasticfolie afkoelen.

AMANDELDRAGEES

1 Verwarm de oven voor tot 180 °C. Bekleed een bakplaat met bakpapier.

2 Verwarm in een steelpan de suiker met 15 gram water en het zout tot de suiker is gesmolten. Haal de pan van het vuur en voeg de amandelen toe. Meng goed met een spatel.

3 Verdeel de amandelen over de bakplaat en bak ze in 10 tot 15 minuten goudbruin in de oven. Laat de amandelen afkoelen.

4 Zet een grote kom met ijsklontjes en wat water klaar en zet er een kleinere kom in. Doe de afgekoelde amandelen in de kleine kom en voeg een deel van de chocolade (op een temperatuur van 35 °C) toe. Spatel de chocolade en de amandelen snel en goed door elkaar zodat er een dun, gelijkmatig laagje chocolade om de amandelen ontstaat.

5 Het kan nodig zijn om de kom uit het ijswater te halen als het stollen van de chocolade te snel gaat; meng de amandelen dan nog even goed door zonder dat ze in het ijswater staan.

VOOR 300 STUKS
- 50 g suiker
- 2 g zout
- 300 g amandelen
- 300 g melkchocolade, gesmolten
- 100 g poedersuiker
- 25 g cacaopoeder

EXTRA
- ijsklontjes

6 Voeg weer een scheut chocolade toe en meng snel met de spatel de amandelen met de chocolade. Herhaal dit tot alle amandelen met een mooi laagje chocolade bedekt zijn.

7 Meng de poedersuiker met de cacaopoeder. Voeg het mengsel toe aan de amandelen en schud de schaal een paar keer flink, zodat alle chocolade-amandelen ermee bedekt zijn.

TIP Uiteraard kun je met andere noten en chocolade ook dragees maken, met weer een heel andere smaak.

CHOCOLADE-FUDGEBLOKJES

VOOR 40-50 STUKS

- 1 vanillestokje
- 330 g suiker
- 120 g slagroom
- 120 g melk
- 70 g chocolade 70%, fijngehakt
- 5 g zeezout
- 30 g boter, in blokjes

1 Bekleed een bakvorm (20x20 centimeter) met bakpapier.

2 Snijd het vanillestokje open en schraap het zaad eruit. Doe het zaad met het vanillestokje, de suiker, slagroom, melk, chocolade en het zout in een steelpan en roer goed door. Laat 5 minuten koken, terwijl je blijft roeren.

3 Haal na 5 minuten de pan van het vuur en voeg de boter toe. Meng goed en giet het mengsel in een bakvorm. Laat afkoelen.

4 Snijd de fudge in de blokjes van gewenste grootte.

CITROENETTES

OORSPRONKELIJK WERDEN DE SCHILLEN VAN CITRUSVRUCHTEN GEKONFIJT OM ZE LANGER TE KUNNEN BEWAREN. DEZE GEKONFIJTE SCHILLETJES GEDOOPT IN PURE CHOCOLADE ZIJN ZELFS VOOR DE NIET-ZOETEKAUW EEN TRAKTATIE.

VOOR 100-120 STUKS

- 6 onbespoten sinaasappels of
  8 onbespoten citroenen
- 15 g zout
- 300 g suiker
- 30 g glucosestroop of honing
- 500 g pure chocolade, getempereerd
  (voor de sinaasappel)
- 500 g melkchocolade, getempereerd
  (voor de citroen)

1 Was de sinaasappels of citroenen onder lauw water. Snijd doormidden en pers uit. (Bewaar het sap voor een andere bereiding.) Verwijder met een lepel het vruchtvlees. Snijd de schillen van de sinaasappel in 8 tot 12 partjes per helft en bij de citroenen in 8 partjes per halve citroen. Kook de schillen 1 minuut in 500 milliliter water met het zout.

2 Giet de schillen af en kook ze nogmaals 1 minuut in 500 milliliter water, maar dan zonder zout. Giet af en kook ze nog 1 minuut in 500 milliliter water zonder zout en giet weer af.

3 Breng 500 milliliter water aan de kook met de suiker en glucosestroop of honing en voeg de schillen toe. Laat ze 2 minuten koken, controleer door met een vork in de schillen te prikken of ze beetgaar zijn.

4 Laat de schillen 1 uur op een rooster uitlekken en droog ze 1 uur in de droogkast op 50 °C of in de conventionele oven.

5 Haal sinaasappelschillen met een vork door de pure chocolade. Glaceer citroenschillen met melkchocolade. De schillen kunnen luchtdicht afgesloten in de koelkast bewaard worden.

ZOETHOUTLOLLY

JEUGDSENTIMENT MET EEN TWIST. VEEL MENSEN VAN MIJN LEEFTIJD KENNEN HET NOG WEL, DAT KAUWEN OP EEN STOKJE ZOETHOUT TOT HET VERANDERT IN EEN DRADERIGE PROP. HIER VORMT HET ZOETHOUT DE STEEL EN DE KERN VAN EEN CHOCOLADELOLLY.

VOOR 25-35 STUKS
- 400 g slagroom
- 20 g zoethoutgruis
- 380 g melkchocolade, gesmolten
- 25 a 35 zoethoutstokjes
- 750 g melkchocolade, getempereerd

DECORATIE
- smarties, spikkels of knettersuiker

1 Breng 200 gram van de slagroom en het zoethoutgruis tot aan het kookpunt. Laat 2 uur op kamertemperatuur op smaak komen. Voeg de overige slagroom toe en breng weer aan de kook. Giet het mengsel door een zeef in een kom, er blijft ongeveer 300 gram zoethoutslagroom over.

2 Voeg de melkchocolade toe aan de zoethoutslagroom en roer met de garde glad. Koel de vulling au bain-froid (zie how-to blz. 63) terug (tussen de 27 tot 30 °C).

3 Prik in een kartonnen doos met een schaar om de 4 centimeter een gaatje zodat daar straks de zoethoutstokjes in kunnen worden gezet om hard te worden.

4 Vul een (wegwerp)spuitzak met de zoethoutganache, knip een hoekje van spuitzak af.

Zie de volgende pagina voor het vervolg van dit recept.

5 Houd het stokje 1 centimeter boven een stuk bakpapier en spuit vanaf ongeveer 5 centimeter vanaf de bovenkant van het stokje spiraalsgewijs een dik bolletje op het stokje. Draai het stokje met de vulling een paar keer om. Zet de stokjes rechtop in de gaatjes in de kartonnen doos. Laat de stokjes een kwartier afkoelen en stevig worden in de koelkast.

6 Dip als de zoethoutganache hard is deze tot de rand van het stokje in de melkchocolade en haal de lolly er in een ronddraaiende beweging uit. Dribbel de overtollige chocolade eraf, decoreer de lolly's eventueel met smarties, spikkels of knettersuiker. Zet dan de lolly's weer terug in de gaatjes van de kartonnen doos om af te laten koelen.

TIP Zoethoutgruis maak je door kleine zoethoutstokjes met een tangetje kapot te knippen.

PAASEITJES

HET IS EEN LEUKE TRADITIE: PAASEITJES VERSTOPPEN VOOR DE KINDEREN. DE EITJES ZIJN NIET MEER WEG TE DENKEN UIT ONZE CHOCOLADECULTUUR EN LIGGEN VAAK IN JANUARI ALWEER IN DE WINKEL. VERRAS IEDEREEN DIT JAAR MET JOUW ZELFGEMAAKTE EITJES.

VOOR 24 STUKS
- 750 g chocolade, getempereerd
- 350 g gianduja (zie recept blz. 348)

1 Poets eventueel de paaseitjesvorm met een doek op voor een mooiere glans op de eitjes.

2 Giet voor het maken van massieve eitjes de chocolade langs een pollepel in een deel van de paaseivorm (je maakt eerst halve paaseitjes). Strijk de boven- en zijkanten heel goed schoon met een breed paletmes. Dribbel de luchtbellen uit de chocolade (zie how-to blz. 79). Laat de chocolade in de vorm op kamertemperatuur hard worden.

3 Verhoog de temperatuur van de getempereerde chocolade met 2 °C als de chocolade in de vorm gestold is. Giet wat chocolade op de paaseitjes en strijk de overtollige chocolade weg en plak de twee vormen snel tegen elkaar aan. Zet de vormen vast met de pinnen zodat ze perfect op hun plaats blijven zitten. Tik een paar keer stevig met de vorm op je werkblad zodat de chocolade tussen de halve eitjes samensmelt.

4 Laat de chocolade in de koelkast zeker 30 minuten uitharden. Verwijder de vorm pas als de chocolade goed is uitgehard.

Zie de volgende pagina voor het vervolg van dit recept.

5 Giet voor de gevulde eitjes de chocolade langs een pollepel in de vorm en strijk de bovenzijde en zijkanten heel goed schoon met een breed paletmes. Dribbel de luchtbellen uit de chocolade (zie how-to blz. 79) en laat de vorm 30 seconden staan zodat de chocolade in de vorm iets kan uitharden.

6 Keer de vorm boven een au bain-mariepan en laat de overtollige chocolade uit de vorm in de pan lopen: klop eventueel met het handvat van je mes tegen de vorm om alle overtollige chocolade eruit te krijgen.

7 Verwarm de gianduja tot een temperatuur van 25 °C (zie recept blz. 149). Vul de (wegwerp) spuitzak met de gianduja, knip er een hoekje af en spuit de vulling tot ongeveer 2 millimeter onder de rand van de eitjes. Dribbel de vorm stevig op het aanrecht en laat de gianduja hard worden.

8 Verhoog de temperatuur van de getempereerde chocolade met 2 °C als de gianduja in de vorm gestold is.

9 Giet de chocolade op de gianduja en strijk de overtollige chocolade weg; plak de 2 vormen snel tegen elkaar aan en zet ze vast met de pinnen zodat ze perfect op hun plaats blijven zitten. Tik een paar keer stevig met de vorm op je werkblad zodat de chocolade tussen de halve eitjes samensmelt.

10 Laat de chocolade in de koelkast zeker 30 minuten uitharden. Verwijder de vorm pas als de chocolade goed is uitgehard.

TIP Je kunt met een contrasterende chocoladesmaak decoraties maken met je vinger of met een cornetje gevuld met chocolade.

KILIMANJARO-BONBON

DEZE BONBON KREEG DE NAAM VAN EEN VAN DE HOOGSTE BERGEN VAN AFRIKA, DE KILIMANJARO. DE BONBON DOET WAT DENKEN AAN DE BERG MET ZIJN PRACHTIGE KLEUREN IN VERSCHILLENDE CHOCOLADETINTEN.

VOOR 25 TOT 30 STUKS

- 180 g suiker
- 80 g sinaasappelsap
- 60 g honing
- 2 g citroensap
- 100 g amandelen, vliesjes verwijderd, licht geroosterd
- 250 g walnoten, licht geroosterd, vliesjes verwijderd
- 750 g chocolade 70%, getempereerd

EXTRA
- poedersuiker

1 Kook in een steelpan de suiker, het sinaasappelsap, de honing en het citroensap 15 seconden.

2 Vermaal de amandelen en de walnoten in de keukenmachine en giet de suikerstroop erbij. Meng in 1 tot 2 minuten tot een mooie marsepein.

3 Giet de marsepein uit op bakpapier, leg er een ander vel bakpapier op, druk plat en laat de marsepein in de koelkast afkoelen. Verdeel de marsepein in 25 tot 30 stukken.

4 Neem wat poedersuiker in je hand tegen het plakken en rol een ovaal van de marsepein. Knijp met de vingers van beide handen het ovaal tot een rechtopstaande vorm, als een langgerekte bergkam.

5 Haal de marsepein door de getempereerde chocolade en maak de bergjes op de top af met een snufje poedersuiker.

FLIKKEN

HET EERSTE BEELD DAT BIJ VEEL MENSEN OPKOMT BIJ CHOCOLADEFLIKKEN ZIJN DE OPGEPOETSTE PASTILLES VAN DROSTE, MET DE VERPLEEGSTER MET GESTEVEN WITTE KAP EN DIENBLAD OP DE WIKKEL. MAAR DE FLIKKEN IN DIT RECEPT ZIJN PLATTE CHOCOLADESCHIJFJES DIE JE VOOR ELKE GELEGENHEID KUNT AANPASSEN MET EEN ANDERE DECORATIE.

VOOR 30-40 FLIKKEN

- 400 g melk-, witte of pure chocolade, getempereerd

1 Bekleed een bakplaat met een stuk plasticfolie.

2 Zet de houten plank klaar waar de spuitzak op kan rusten tijdens het decoreren of leg een plaatje over de au bain-mariepan om daarop de spuitzak warm te houden; de chocolade mag niet warmer dan 30 °C worden.

3 Vul de (wegwerp)spuitzak met de chocolade en knip de spuitzak open, begin met een klein gaatje, je kunt het gaatje altijd nog groter maken als dat nodig is.

4 Spuit gelijkmatige doppen van 10 tot 15 gram per stuk op het plasticfolie en dribbel met de bakplaat zodat de chocoladeflikken mooi uitvloeien (zie how-to blz. 79 en 106).

5 Decoreer de flikken onmiddellijk met noten en vruchten of een andere mooie decoratie. Wacht daar niet te lang mee, want de chocolade gaat snel stollen.

Zie de volgende pagina voor het vervolg van dit recept.

6 Voor het maken van studentenflikken kun je elke soort getempereerde chocolade gebruiken die je maar wilt. Het enige wat je nodig hebt zijn allerlei soorten geroosterde noten en mooie, blauwe rozijnen.

7 Maak de flikken zoals hiervoor beschreven, bestrooi ze met de noten en de rozijnen. Leg de studentenflikken op plasticfolie voor een mooie glanzende onderkant. Je moet snel werken, dus misschien is het handig om wat hulp in te roepen.

8 Of maak eens flikken met musketzaad. Hiervoor maak je de flikken zoals hiervoor beschreven, je bestrooit ze met het musketzaad en legt ze op plasticfolie voor een mooie glanzende onderkant.

HAZELNOOTDRAGEES

1 Verwarm de oven voor tot 140 °C. Bekleed een bakplaat met bakpapier.

2 Verwarm de honing in een steelpan tot aan het kookpunt.

3 Meng in een kom de honing en de hazelnoten met een spatel en verdeel de noten over de bakplaat. Bak de noten ongeveer 35 minuten in de oven tot ze goudbruin zijn. Laat de hazelnoten afkoelen.

4 Doe de hazelnoten in een kleine kom als ze zijn afgekoeld en zet de kom in een grotere kom gevuld met ijsklontjes en water.

5 Giet ongeveer 100 gram gesmolten chocolade (op een temperatuur van 40 °C) op de hazelnoten en roer met de spatel de noten en de chocolade energiek door elkaar tot de noten bedekt zijn met de chocolade en deze hard begint te worden.

6 Giet dan weer ongeveer 100 gram gesmolten chocolade op de hazelnoten en meng ook deze chocolade weer energiek met de noten tot alle chocolade aan de noten zit en hard wordt.

7 Giet weer ongeveer 100 gram gesmolten chocolade op de hazelnoten, voeg ook de zoutflakes toe en meng net zolang tot de chocolade hard is geworden. Voeg dan de vorige gesmolten chocolade toe en roer weer tot alle chocolade aan de noten zit en hard is geworden.

VOOR 200 STUKS
- 20 g honing
- 400 g hazelnoten
- 400 g melkchocolade, gesmolten
- 3 g gerookte zoutflakes
- 20 g poedersuiker
- 3 g cacaopoeder

EXTRA
- ijsklontjes

8 Voeg op het laatste de poedersuiker en het cacaopoeder toe (meng deze eerst goed door elkaar) en blijf heel goed roeren tot alle ingrediënten goed verdeeld zijn en alle noten zijn bedekt met de chocolade.

CHOCOLADEKARAMELS

1 Bekleed een rechthoekige bakvorm met bakpapier.

2 Meng in een steelpan de glucosestroop met de suiker en kook tot een lichte karamel (zie how-to blz. 110). Verwarm de slagroom tot aan het kookpunt en giet bij de lichte karamel. Breng dit mengsel aan de kook tot een temperatuur van 114 °C.

3 Voeg de chocolade, de boter en het zout toe, meng tot een homogene massa en stort dit in de bakvorm. Laat de karamel zeker 3 uur op kamertemperatuur opstijven.

4 Keer de karamel om op een snijplank en snijd met een koksmes in ongeveer 50 stukjes. Verpak de chocoladekaramels in cellofaan.

VOOR 50 TOT 60 STUKS

- 215 g glucosestroop
- 260 g suiker
- 315 g slagroom
- 135 g pure chocolade 70%, gehakt
- 20 g boter
- mespunt zout

TIP Je kunt de karamels nog extra op smaak brengen met gevriesdroogde kruiden, zoals rozemarijn of dragon.

BONBONS MET LIKEUR

BIJ LIKEURBONBONS GAAT HET OM HET VERRASSINGSEFFECT. JE BIJT IN DE BONBON EN PLOTSELING IS JE MOND GEVULD MET DE ZOETE INTENSE SMAAK VAN LIKEUR. OM DIE UNIEKE MONDERVARING TE BEREIKEN MAAK JE EERST KLEINE CHOCOLADEBAKJES, DIE JE VERVOLGENS GAAT VULLEN. SOPHISTICATED SNOEPEN!

1 Maak eerst de chocoladebakjes (zie how-to blz. 101).

2 Kook voor de likeurvulling 75 gram water met de suiker en glucosestroop. Laat afkoelen. Meng de likeur met het glucosestroopmengsel en vul de bakjes voor tweederde met de vulling; gebruik hiervoor een trechter.

3 Kook voor de bovenlaag de slagroom en glucosestroop. Laat afkoelen. Klop de boter luchtig. Meng in drie delen de fondant erdoor en giet het afgekoelde slagroommengsel erbij. Giet dit mengsel op de likeurvulling in de bakjes, gebruik hiervoor een trechter. Laat de bonbons hard worden.

4 Dek de bonbons eventueel af met een dun laagje pure chocolade om ze langer te kunnen bewaren.

VOOR 30-40 STUKS

LIKEURBONBONS

- 125 g suiker
- 25 g glucosestroop
- 225 g likeur van 40% alcohol naar keuze

BOVENLAAG

- 30 g slagroom
- 30 g glucosestroop
- 90 g boter
- 60 g witte fondant, op kamertemperatuur, bij de banketbakker
- pure chocolade 70%, getempereerd

TIP Je kunt ook bonbonvormen gebruiken om de bakjes te maken.

MARSHMALLOWS MET CHOCOLADE

1 Bekleed een bakvorm (20x20 centimeter) met bakpapier.

2 Los de gelatine op in 60 gram koud water en laat wellen. Doe 100 gram honing in de keukenmachine.

3 Kook de suiker, 75 gram honing en 75 gram water in een pan tot een temperatuur van 110 °C. Snijd de gelatine in stukken.

4 Voeg de gelatine toe aan het suiker-honingwater. Verhit het mengsel 15 seconden op hoog vuur tot alles gesmolten is. Giet de hete stroop bij de honing in de keukenmachine en meng tot het de dikte van scheerschuim heeft en handwarm is.

5 Meng de gesmolten chocolade (ongeveer 40 °C) door de schuimige massa en stort het mengsel in de vorm. Strijk de bovenzijde glad met een glaceer- of paletmes en laat minimaal 3 uur rusten op kamertemperatuur.

6 Keer de vorm om, verwijder de bakvorm en het bakpapier. Strooi het cacaopoeder of de gekleurde suiker erover en snijd de marshmallowplak in blokjes.

VOOR 40-60 STUKS
- 12 g gelatinepoeder
- 175 g honing
- 230 g kristalsuiker
- 100 g chocolade 70%, gesmolten

GARNITUUR
- 100 g cacaopoeder
- 100 g gekleurde suiker
- vloeibare kleurstof, naar keuze

TIP Gekleurde suiker maak je door vloeibare, eetbare kleurstof te mengen met kristalsuiker.

CHOCOLADEBORSTPLAAT

1 Maak een siliconenvorm nat en laat omgekeerd uitlekken.

2 Meng in een hoge pan (13x23 centimeter) de suiker, slagroom en 100 gram water. Kook het mengsel tot een temperatuur van exact 115 °C (zie Tip).

3 Doe de fondant of poedersuiker en het cacaopoeder in de grote kom en giet het hete slagroommengsel erop. Spatel goed door tot alles volledig is opgenomen.

4 Leg de siliconenvorm neer, deze moet nog iets nat zijn. Giet kokend water door een trechter zodat deze goed heet is. Giet het mengsel zo snel mogelijk door de hete trechter in de siliconenvorm. Laat hard worden.

5 Keer de vorm om op bakpapier en laat de borstplaat drogen.

VOOR 60-80 STUKS
- 500 g suiker
- 200 g slagroom
- 75 g fondant of poedersuiker
- 10 g cacaopoeder

TIP Houd een thermometer in kokend water om te controleren of deze exact 100 °C aangeeft. Het is heel erg belangrijk dat de kooktemperatuur precies aangehouden wordt, anders is de kans op greinsuiker in de borstplaat groot.

MUNTBONBONS

NIET IEDEREEN IS EEN LIEFHEBBER VAN AFTER EIGHT. ZE VINDEN DE MUNTSMAAK VAAK IETS TE SCHERP. MET DIT RECEPT IS ER MEER BALANS TUSSEN DE MUNT EN CHOCOLADE. EN DEZE BONBON KAN OOK BEFORE EIGHT GEGETEN WORDEN.

VOOR 80 STUKS

GANACHE
- 250 g slagroom
- 30 muntblaadjes
- 40 g honing
- 400 g chocolade 70%, gehakt
- 50 g boter, op kamertemperatuur, in blokjes
- 1 g zout

MUNTCHIPS
- 30 g of 1 eiwit
- 80 muntblaadjes
- 50 g fijne kristalsuiker

EXTRA
- 750 g chocolade 70%, getempereerd
- 80 chocoladevoetjes

1 Breng de slagroom met de muntblaadjes, 20 milliliter water en de honing tot aan het kookpunt. Haal de pan van het vuur en laat alles 10 minuten trekken.

2 Doe de chocolade in een kom. Breng het slagroommengsel nog een keer tot aan het kookpunt en giet door een zeef op de chocolade. Roer met een garde de chocoladeslagroom tot een gladde ganache. Koel de ganache au bain-froid tot een temperatuur van 30 tot 35 °C. Meng met de staafmixer de boter en het zout erdoor.

3 Maak het chocolade-uitvloeisel (zie how-to blz. 106).

4 Vul een (wegwerp)spuitzak met spuitmond met de ganache. Knip de spuitzak open en spuit bolletjes op de chocoladevoetjes. Laat 1 uur drogen.

5 Verwarm de oven voor tot 80 °C.

6 Leg bakpapier op een bakplaat. Kwast het eiwit licht op de muntblaadjes en dip ze aan beide zijden in de fijne kristalsuiker. Leg de blaadjes los van elkaar op de bakplaat. Bak de muntblaadjes in 1 uur krokant, houd ze wel in de gaten.

7 Haal de droge ganachebolletjes per stuk door de getempereerde chocolade en leg ze op een stuk plasticfolie te drogen. Decoreer elke bonbon met een muntchipje.

EEN GOEDE CRÈME BRÛLÉE IS ZEKER EEN VAN MIJN MEEST FAVORIETE DESSERTS. EN HOE LEUK IS HET OM AAN DE SLAG TE GAAN MET EEN BRANDERTJE OM DE SUIKER MEE TE KARAMELLISEREN. MAAR MAAK OOK ZEKER HET RECEPT VOOR CHOCOLADE-IJS. EERST MAAK JE JE EIGEN CHOCOLADE EN DAN JE EIGEN IJS, EN DIE TWEE GECOMBINEERD GEEFT PAS ECHT VOLDOENING.

DESSERTS EN IJS

CRÈME BRÛLÉE 381 CHOCOLADEROOMIJS 382 CHOCOLADE-SORBETIJS 383 CHOCOLADEGRANITÉ 386
PARFAIT 388 CHOCOLADESLAGROOM 390 CHOCOLADEMOUSSE OP BASIS VAN EIEREN 391
CHOCOLADEMOUSSE OP BASIS VAN WATER 393 CHOCOLADESOUFFLÉ 394
SMELTENDE CHOCOLADEBOL 398 CHOCOLADEPUDDING 400 CHOCOLADEWAFEL 402
WARME CHOCOLADEMOUSSE MET FRAMBOZEN 405 CHOCOLADECRÈME 406 CHOCOLADESOESJES 407
IJSLOLLY 411 PEREN MET CHOCOLADESAUS 412 CHOCOLADEFLAN 414
MOELLEUX MET GEKARAMELLISEERDE APPEL 417

CRÈME BRÛLÉE

HEERLIJKE CRÈME BRÛLÉE MET NET DIE SPECIALE SMAAKTWIST DOOR DE VERSE, FRISSE FRAMBOOSJES.

VOOR 6-10 STUKS
- 400 g slagroom
- 75 g chocolade 70%, gehakt
- 75 g eigeel of 5 eidooiers
- 60 g suiker
- 18 verse frambozen
- 20 g cacaonibs
- 100 g suiker

1 Verwarm de oven voor tot 100 °C.

2 Verwarm de slagroom in de pan tot 50 °C en los daar de chocolade in op. Voeg de eidooiers toe en roer tot een gladde crème.

3 Zet hittebestendige schaaltjes op een bakplaat en verdeel de frambozen en daarna crème over de schaaltjes. Bak 45 minuten in de oven. En laat dan 1 uur afkoelen.

4 Strooi direct voor het serveren wat cacaonibs over de crème en ruim 1 eetlepel suiker. Schud even goed en smelt de suiker met de brander. Serveer direct.

CHOCOLADEROOMIJS

VERSLAAFD AAN CHOCOLADE, MAAR OOK EEN BEETJE AAN IJS. MAAK HET LEKKERSTE CHOCOLADE-IJS HELEMAAL ZELF. HEEL SIMPEL EN GEWELDIG VOL VAN SMAAK!

VOOR 1,5 LITER IJS
- 180 g pure chocolade 70%
  of
  240 g melkchocolade
  of
  360 g witte, ruby of karamelchocolade
- 600 g volle melk
- 100 g slagroom
- 70 g suiker
- 60 g honing
- 15 g johannesbroodpitmeel
- mespunt zout

1 Hak de gewenste chocolade grof en doe in een kom.

2 Maak de compositie. Verhit de melk, slagroom, suiker, honing, het johannespitbroodmeel en zout in een steelpan tot een temperatuur van 85 °C.

3 Giet het melkmengsel direct door een zeef op de chocolade en klop met de garde tot alles is gesmolten.

4 Zet de kom in een grotere kom gevuld met ijsklontjes en wat water en koel de massa zo snel mogelijk au bain-froid (zie how-to blz. 63) terug. Roer steeds even door zodat de warmte er snel uit kan.

TIP Johannesbroodpitmeel is een bindmiddel en is verkrijgbaar bij de drogist.

5 Zet de ijsmachine aan. Giet de compositie als deze rond de 8 tot 10 °C is in de draaiende machine. In maximaal 12 minuten moet het ijs zijn (anders worden de ijskristallen te groot), dus giet er liever minder in dan meer. Gebruik het ijs zo vers mogelijk, want vanuit de vriezer bij -20 °C is scheppen lastig.

6 Het chocoladeroomijs kan 5 dagen afgesloten in de koelkast worden bewaard.

CHOCOLADE-SORBETIJS

1 Hak de gewenste chocolade grof en doe in een kom.

2 Maak de compositie. Breng 750 gram water, de suiker, honing, het johannespitbroodmeel en een paar druppels citroensap in een pan tegen de kook aan en laat 2 minuten heel rustig koken.

3 Giet het hete suikerwater op de chocolade en roer het glad met een garde. Zet de kom in een grotere kom gevuld met ijsklontjes en wat water en koel de massa zo snel mogelijk au bain-froid (zie how-to blz. 63) terug. Roer steeds even door zodat de warmte er snel uit kan.

4 Zet de ijsmachine aan. Giet de compositie als deze rond de 8 tot 10 °C is in de draaiende machine.

5 Het chocolade-sorbetijs kan 5 dagen afgesloten in de koelkast worden bewaard.

VOOR 1,5-2 LITER IJS

- 240 g pure chocolade 70%
  of
  320 g melkchocolade
  of
  400 g witte, ruby of dulce chocolade
- 185 g suiker
- 35 g honing
- 20 g johannespitbroodmeel
- paar druppels citroensap

CHOCOLADEGRANITÉ

BIJNA IEDEREEN HOUDT VAN IJS. OF HET NU EEN ZOMERSE AVOND IS OF DE VRIESKOU IN JANUARI DIE JE DE ADEM BENEEMT, IJS DOET IETS MET JE. HET LAAT JE SPRANKELEN, JE KRIJGT EVEN EEN TOEFJE KOU WAT JE ALERT MAAKT. DAAROM IS NIETS FIJNER DAN DAT JE OP ELK MOMENT VAN DE DAG ZELF IJS KUNT MAKEN. ZONDER IJSMACHINE.

VOOR ½ LITER GRANITÉ
- 100 g volle melk
- 135 g suiker
- 30 g honing
- 200 g pure chocolade 70%

1 Hak de chocolade in stukken en doe in een grote kom.

2 Breng in een steelpan 500 gram water, de melk, suiker en honing aan de kook en laat 2 minuten rustig koken. Giet het mengsel dan op de gehakte chocolade en roer met een garde tot een gladde massa. Zet de staafmixer op de bodem van de kom en mix 15 seconden zonder de staafmixer op te tillen, zodat er geen luchtbellen ontstaan.

3 Giet het chocolademengsel in een schaal en zet deze in de vriezer. Schep met een vork elke 10 minuten het ijs goed door zodat er grove ijskristallen ontstaan. Na ongeveer 3 uur is de granité klaar voor consumptie.

PARFAIT

1 Hak de gewenste chocolade grof en smelt au bain-marie of in de magnetron. Klop de slagroom lobbig en zet in de koelkast.

2 Snijd de citroen doormidden, knijp wat sap uit en ontvet met de halve citroenen de binnenkant van een hittebestendige kom. Spoel de kom om en droog met een schone theedoek. Meng in de kom het eiwit, de suiker, zeezout en een paar druppels citroensap. Verhit au bain-marie tot 55 °C en roer af en toe goed door.

3 Klop de eiwitten op tot schuimig en iets warmer dan handwarm. Meng de helft van het eiwit door de gesmolten chocolade en spatel energiek door. Spatel als het goed gemengd is de rest van het eiwit er goed door.

4 Spatel energiek de helft van de slagroom door het chocolademengsel. Voeg de overige slagroom toe en spatel tot een homogene en luchtige massa.

5 Schep de parfait in mooie glazen en laat in de vriezer in 2 tot 3 uur opstijven.

VOOR 4-6 GLAZEN

- 150 g pure 70% chocolade
  of
  200 g melkchocolade
  of
  250 g witte, ruby of dulce chocolade
- 200 g slagroom
- 1 citroen
- 90 g eiwit
- 100 g suiker
- mespunt zeezout

CHOCOLADESLAGROOM

1 Hak de gewenste chocolade fijn. Klop 325 gram slagroom lobbig met de garde of mixer en bewaar in de koelkast.

2 Kook 175 gram slagroom met het zout in een steelpannetje.* Giet de warme slagroom op de gehakte chocolade en roer glad met een garde.

3 Spatel eenderde van de lobbige slagroom luchtig door de chocoladeroom. Spatel vervolgens de rest erdoor.

4 Doe het ronde spuitmondje in de (wegwerp)-spuitzak en vul de spuitzak met de chocoladeroom. Knip de spuitzak open. Spuit een bolletje chocoladeslagroom in mooie glazen en laat in de koelkast stevig worden.

* Voor witte chocolademousse: week de gelatine in 25 gram koud water. Knijp de gelatine uit en voeg bij de warme slagroom, blijf roeren tot de gelatine gesmolten is.

VOOR ¾ LITER SLAGROOM

- 270 g chocolade 70%
  of
  of 340 g melkchocolade
  of
  of 420 g witte chocolade
  (+ 5 g gelatine)
- 500 g koude slagroom
- mespunt zout

CHOCOLADEMOUSSE OP BASIS VAN EIEREN

1 Hak de gewenste chocolade fijn, doe in een kom en smelt au bain-marie. Zet de kom apart. Week de gelatine voor melkchocolade met 15 gram koud water en voor de witte chocolade met 25 gram koud water.

2 Zet de eidooiers klaar in een kommetje. En breng de melk, slagroom en het zout aan de kook.

3 Voeg voor de witte of melkchocolade de gelatine toe aan de hete melk. Roer goed door op het vuur. Giet het mengsel als de gelatine is opgenomen op de gesmolten chocolade, giet er meteen de eidooiers bij en roer het geheel tot een gladde massa.

4 Snijd de citroen doormidden, knijp wat sap uit en ontvet met de halve citroenen de binnenkant van een hittebestendige kom. Spoel de kom om en droog met een schone theedoek. Klop in de kom de eiwitten, suiker en een paar druppel citroensap tot een schuimige en stevige massa.

5 Meng in drie delen het schuimige stevige eiwit door de chocoladeganache en giet in de glazen. Laat de mousse in de koelkast stevig worden, maar serveer hem niet te koud. De mousse is 3 dagen houdbaar in de koelkast.

VOOR 8-10 PERSONEN

- 300 g chocolade 70%
  of
  400 g melkchocolade
  (+ 3 g gelatine)
  of
  450 g witte chocolade
  (+ 5 g gelatine)
- 60 g eidooier of 4 eidooiers
- 50 g melk
- 100 g slagroom
- mespunt zout
- 1 citroen
- 210 g eiwit
- 50 g suiker

CHOCOLADEMOUSSE OP BASIS VAN WATER

1 Kook 270 gram water (of 240 gram als je nog likeur of drank toevoegt) en roer het door de gehakte chocolade. Voeg naar smaak de likeur of sterkedrank toe en meng goed tot alle chocolade is gesmolten. Koel het chocoladewater dan au bain-froid terug (zie how-to blz. 63).

2 Schenk de mousse in een mooi glas en serveer direct, met fruit erbij.

VOOR 8-10 PERSONEN
- 270 g kokend water
- 350 g chocolade 70 %, fijngehakt
- 30 g likeur of sterkedrank, naar smaak

EXTRA
- vers fruit

CHOCOLADESOUFFLÉ

1 Zorg voor koude soufflévormen en vet deze zorgvuldig in met boter. Bedek de wanden met kristalsuiker. Zet de vormen terug in de koelkast.

2 Hak de chocolade fijn en doe in een kom. Klop de eiwitten met 150 gram suiker niet te stijf.

3 Doe de slagroom, 10 gram suiker, het cacaopoeder en zout in een pan en breng al roerend met een garde tot aan het kookpunt. Giet de hete slagroom bij de chocolade en roer rustig tot alles is opgelost.

4 Klop met de garde de eidooiers door de chocoladeroom tot deze mooi glad en egaal is. Spatel met de pannenlikker de helft van schuimige eiwitten erdoor tot deze zijn opgenomen, voeg dan de overige eiwitten toe. Vul de soufflévormen tot de rand en zet ze in de koelkast.

5 Verwarm 40 minuten voor het serveren de oven tot 210 °C. Haal de vormen uit de koelkast als de oven heet is en bak de soufflés 10 tot 12 minuten. Open de deur van de oven niet want dan zakken de soufflés zeker in.

VOOR 12 STUKS

- 225 g chocolade 70%, gesmolten
- 180 g eiwit
- 160 g fijne kristalsuiker
- 300 g slagroom
- 7,5 g cacaopoeder
- mespunt zout
- 180 g eigeel of 6 dooiers

EXTRA

- gesmolten boter, om in te vetten
- fijne kristalsuiker, om te bestrooien
- poedersuiker

TIP Gevulde soufflévormen kunnen luchtdicht verpakt bewaard worden in de vriezer.

SMELTENDE CHOCOLADEBOL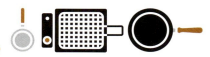

HET IS ZO'N DING DAT JE GEDAAN MOET HEBBEN: AAN TAFEL MET WARME SAUS CHOCOLADEBOLLEN LATEN SMELTEN. DAN WEET JE DAT JE JE BUCKETLIST HEBT VOLBRACHT. JE KUNT 1 GROTE BOL MAKEN, OF 4 KLEINERE, NET ALS IN DIT RECEPT.

1 Breng in een steelpan 200 millimeter water met de dropjes tegen de kook aan en laat 20 tot 30 minuten op heel laag vuur staan, zodat de dropjes kunnen smelten.

2 Bereid de chocoladebollen voor. Zorg dat de vier kunststof ronde bollen (zie Tip) van ongeveer 7 tot 10 centimeter doosnede niet te koud zijn. Door de bollen tegen je wang te houden kun je voelen of de temperatuur gelijk is.

3 Giet in een halve bol (van 8,8 centimeter) 30 gram chocolade en zet de ander helft van de bol erop.

4 Draai de bol net zolang totdat er overal chocolade zit. Doe dit zeker 2 minuten, anders zakt de chocolade naar één kant. Doe dit ook bij de andere drie bollen en leg de bollen in de koelkast om op te stijven.

5 Neem de chocoladebollen na 30 minuten uit de koelkast en verwijder voorzichtig de plastic vorm. Draag keukenhandschoenen om vingerafdrukken op de chocoladebol te voorkomen.

VOOR 4 PORTIES

- 100 g lichtgezouten dropjes
- 500 g melkchocolade, getempereerd
- 1 l neutrale olie, om te frituren
- 12-16 chocoladeballetjes (zie recept blz. 324)
- 90 g eiwit
- 30 g kaneelpoeder

EXTRA

- Vers fruit
- 4 kunststof bollen

6 Verwarm een koekenpan op zeer laag vuur. Je moet de pan nog aan kunnen raken, dus heter dan 50 °C mag de pan niet worden. Smelt voorzichtig een gat in elke chocoladebol van ongeveer 5 centimeter doorsnede, hierin komen de gefrituurde chocoladeballetjes te liggen.

7 Verhit in de frituurpan de olie naar 170 °C.

8 Rol voor het frituren de chocoladeballetjes eerst door het eiwit en rol ze dan door het kaneelpoeder. Herhaal dit hele proces twee keer, want dan krijgen de balletjes een mooi huidje. Haal ze als laatste weer door een laagje eiwit. Laat de chocoladeballetjes drogen.

9 Leg wat chocoladeballetjes op een schuimspaan als de olie goed heet is en laat de balletjes rustig in de olie zakken. Frituur de balletjes in 30 seconden tot maximaal 1 minuut.

10 Verwarm de dropsaus naar een temperatuur van 70 tot 80 °C en giet de saus in een schenkkan.

11 Leg na het frituren drie balletjes op elk bord en leg de chocoladebol er voorzichtig overheen. Decoreer het verse fruit (denk aan aardbeien, bramen of frambozen) om de bol heen.

12 Giet aan tafel de dropsaus over de bol en wachten tot de bol begint te smelten.

TIP De kunststof bollen zijn te koop bij knutselwinkels in 8,8 centimeter, 11,6 centimeter en 15,3 centimeter. De bollen moeten wel goed gepoetst zijn dus zonder vingerafdrukken erop. En maak ook eens, voordat je de bol vult, met een andere kleur chocolade vegen in de bol ter decoratie.

CHOCOLADEPUDDING

1 Los de gelatine op in 40 gram koud water en laat wellen. Klop de eidooier en 25 gram suiker luchtig.

2 Doe ijsklontjes met wat water in een grote kom en zet daar een kleinere kom op en leg er een zeef in.

3 Meng in een steelpan de melk, het cacaopoeder, 35 gram suiker en het zout en breng aan de kook, blijf steeds roeren om aanbranden te voorkomen.

4 Snijd de gelatine in kleinere stukken.

5 Giet als het cacaomengsel kookt de eidooiers in twee delen erbij en roer glad. Giet dit terug in de pan en verhit het mengsel op halfhoog vuur. Blijf roeren met de spatel. De dooiers zijn gebonden als je met een vinger over de spatel een streep in de vloeistof maakt en de vloeistof niet van de spatel loopt.

6 Voeg dan de gelatine en de chocolade toe en roer het mengsel glad. Giet het door een zeef in de kleinere kom en laat zo snel mogelijk au bain-froid (zie how-to blz. 63) afkoelen.

7 Klop de slagroom lobbig. En voeg dit toe aan de afgekoelde chocoladepudding. Giet de pudding in de puddingvormen en laat verder afkoelen.

VOOR 1 LITER PUDDING

- 8 g gelatinepoeder
- 350 g volle melk
- 10 g cacaopoeder
- 60 g suiker
- mespunt zout
- 45 g eidooier of 3 eidooiers
- 250 g slagroom
- 75 g chocolade 70%, gehakt

TIP Voeg eventueel een scheut likeur of rum naar smaak toe op het moment dat de slagroom en de chocoladepudding gemengd worden.

CHOCOLADEWAFEL

DEZE WAFELS ZIJN HEEL SNEL TE MAKEN EN ON-WEERSTAANBAAR LEKKER, VOORAL MET EEN BOL VANILLE-IJS OVERGOTEN MET KARAMELSAUS.

1 Zet alle ingrediënten klaar en verwarm een wafelijzer tot 150 °C.

2 Breng de melk met het opengesneden vanillestokje, 25 gram suiker en de boter tot tegen de kook aan, maar laat het niet koken.

3 Zeef de bloem in een kom. Hak in een andere kom de chocolade fijn. Klop de eiwitten met 25 gram suiker en het zout stevig, zet de keukenmachine op drievierde van de snelheid.

4 Haal het vanillestokje uit de hete melk, schraap het zaad eruit en doe het zaad met het stokje terug in de melk. Roer het goed zodat alle smaak uit het stokje in de melk komt te zitten. Haal het stokje uit de melk, schraap nogmaals leeg en doe de zaadjes in de melk. Haal de pan van het vuur, voeg de gehakte chocolade toe aan de hete melk en roer glad.

5 Voeg de gezeefde bloem toe aan de chocolademelk en roer goed tot een glad mengsel. Spatel hier de eiwitten door. Giet het beslag in het hete wafelijzer en bak de wafels in 2 tot 4 minuten gaar.

6 Bestuif de wafels met poedersuiker en serveer ze met vanille-ijs en karamelsaus (zie how-to blz. 110 en recept blz. 118).

VOOR 4-6 WAFELS

- 125 g volle melk
- 1 vanillestokje of 1 zakje vanillesuiker
- 50 g suiker
- 130 g boter
- 110 g bloem
- 50 g chocolade 70%
- 90 g eiwitten
- 2 g zout

EXTRA

- poedersuiker
- vanille-ijs
- karamelsaus

WARME CHOCOLADEMOUSSE MET FRAMBOZEN

1 Verwarm de oven voor tot 100 °C. Zet zes hittebestendige glazen op een rooster.

2 Snijd het vanillestokje open en schraap het zaad eruit.

3 Meng voor de crèmelaag in een steelpan de slagroom, suiker, eidooiers en de vanille met een garde. Verwarm tot de suiker is opgelost en verdeel het mengsel over de zes glazen. Zet de glazen 45 minuten in de oven.

4 Maak direct voor het opdienen de chocolademousse. Verwarm de melk, suiker en maizena en blijf goed kloppen. Haal de pan van het vuur als de melk kookt en voeg de chocolade toe. Blijf kloppen.

5 Leg in ieder glas drie frambozen, schep met een lepel de warme chocolade erover en leg in ieder glas nog een paar frambozen bovenop de mousse ter decoratie. Serveer de glazen direct.

VOOR 6 PERSONEN

CRÈME
- 1 vanillestokje
- 250 ml slagroom
- 50 g suiker
- 60 g eidooier of 4 eidooiers

CHOCOLADEMOUSSE
- 150 ml volle melk
- 25 g suiker
- 1 g maizena of agaragar
- 85 g chocolade 70%, gehakt
- 150 g verse frambozen

CHOCOLADECRÈME

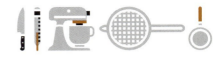

DIT IS EEN HEERLIJK DESSERT, WAAR JE DE SIER MEE KUNT MAKEN, VOORAL ALS JE HET SERVEERT IN CHIQUE GLAZEN. HET IS NIET ZO LUCHTIG ALS MOUSSE, MAAR IETS STEVIGER EN ROMIGER. LEKKER VOOR DE AFWISSELING.

VOOR 4 PERSONEN
- 290 g melkchocolade of
  215 g chocolade 70%
- 330 g melk
- 300 g slagroom
- mespunt zout
- 180 g ei of 4 eieren
- 110 g suiker

1 Hak de melk- of pure chocolade fijn. Doe in een grote kom en plaats een zeef op de kom.

2 Breng de melk, slagroom en het zout in een steelpan aan de kook. Klop in een kom het ei en de suiker luchtig en giet eenderde van de hete slagroommengsel erbij; blijf kloppen. Giet de helft van het slagroommengsel erbij als het vorige is opgenomen en giet als dat is opgenomen de rest erbij.

3 Giet het mengsel in de steelpan en breng, al roerend met een spatel over de bodem, naar een temperatuur van 80 °C; houd de thermometer in de pan om de temperatuur in de gaten te houden.

4 De crème is goed als deze op de spatel blijft staan als je er met je vinger doorheen gaat. Haal de pan van het vuur en giet de hete crème door de zeef in de kom met chocolade en roer tot een mooie gladde massa.

5 Giet de crème in mooie glazen en laat afkoelen. Of giet de crème in een afsluitbare bak, span er plasticfolie overheen en druk deze goed aan zodat alle lucht eruit kan en zet de bak na 20 minuten in de koelkast.

CHOCOLADESOESJES

MET DIT RECEPT KUN JE SOESJES, SOEZEN EN OOK ECLAIRS MAKEN. HET BESLAG MOET ZIJDEMAT GLANZEN; ALS HET BESLAG DOF IS DAN WORDEN DE SOESJES HARD, EN GLANST HET TE VEEL, DAN WORDEN DE SOESJES TE ZACHT.

VOOR 25-30 SOESJES
- 80 g melk
- 60 g boter
- 5 g suiker
- 3 g zout
- 90 g bloem
- 135 g ei of 3 eieren

CHOCOLADEROOM
- 130 g chocolade 70%
- 330 g melk
- 75 g slagroom
- 15 g maizena
- 45 g suiker
- 45 g eidooiers of 3 eidooiers

GLAZUUR
- 190 g chocolade 70%
- 150 g slagroom

EXTRA
- eidooier, voor op de soezen

1 Verwarm de oven voor tot 250 °C. Bekleed een bakplaat met bakpapier.

2 Breng de melk, 70 gram water, boter, suiker en zout aan de kook. Zeef de bloem boven een kom en voeg het toe aan de kokende melk. Roer op hoog vuur in 2 tot 3 minuten tot een stevig deeg. Haal de pan van het vuur en roer de eieren erdoor.

3 Doe een rond spuitmondje in de (wegwerp)spuitzak en vul deze met het deeg. Knip de spuitzak open en spuit kleine bergjes op de bakplaat. Zorg ervoor dat er evenveel ruimte tussen de bergjes zit.

4 Breng met een kwast wat eidooier aan op de soezen voor een mooie kleur.

5 Schuif de bakplaat in de oven en zet de oventemperatuur terug naar 180 °C. Open de ovendeur pas als de soezen klaar zijn, dit duurt tussen de 15 en 20 minuten.

6 Hak voor de chocoladeroom de chocolade in stukken en doe die in een kom.

Zie de volgende pagina voor het vervolg van dit recept.

7 Breng voor de chocoladeroom in een steelpan de melk en slagroom tegen de kook aan. Roer met een garde de maizena, suiker en eidooiers in een kom door elkaar, giet de bijna kokende melk/room erbij en meng goed.

8 Doe het mengsel terug in de steelpan en breng al roerend met een garde op laag vuur aan de kook totdat het is gebonden. Laat dan nog een paar minuten koken tot het mooi gaat glanzen, blijf roeren om te voorkomen dat de room aanbrandt.

9 Giet de hete room op de gehakte chocolade en roer tot de chocolade geheel is gesmolten en er een mooi egale massa is ontstaan.

10 Doe een kleine ronde spuitmond in de spuitzak en vul de spuitzak met de chocoladeroom. Laat de room afkoelen in de afgesloten zak.

11 Maak in de tussentijd het chocoladeglazuur. Kook de slagroom in een steelpan. Hak de chocolade in kleine stukjes en doe in een kom. Giet de hete slagroom op de chocolade en roer glad met een garde.

12 Vul de soezen vanaf de onderkant met de chocoladeroom. Doop de soezen als ze allemaal zijn gevuld, aan de bovenkant in de chocoladeglazuur. Laat de soezen op een mooie schaal goed opdrogen.

TIP Mocht het glazuur koud worden, dan kun je deze weer even opwarmen zodat hij weer vloeibaar wordt.

IJSLOLLY

1 Meng de melk, suiker en het cacaopoeder met een garde en breng aan de kook.

2 Doe de chocolade in een kom. Giet het hete cacaomengsel op de chocolade en roer met de garde tot een gladde massa. Giet het in diepe ijsvormpjes, zet er stokjes in en zet de ijslolly's zeker 3 uur in de vriezer.

VOOR 10-12 IJSLOLLY'S

- 540 g melk
- 130 g suiker
- 25 g cacaopoeder
- 225 g chocolade 70%, gehakt

PEREN MET CHOCOLADESAUS

1 Schil de peren, maar laat het steeltje eraan zitten. Snijd het vanillestokje open en schraap het zaad eruit.

2 Meng de wijn, suiker, het vanillestokje en zaad in een steelpan en zet de pan op middelhoog vuur. Laat de suiker smelten en voeg dan de peren toe. Laat 30 minuten zachtjes koken. Keer de peren af en toe.

3 Haal de peren uit de pan en kook het vocht nog verder in tot het stroperig wordt.

4 Serveer de peren warm of koud met de ingekookte wijnsaus en de chocoladesaus (zie recept blz. 117). Maak het af met vanille-ijs.

VOOR 6 PERSONEN
- 6 rijpe poire williams
- 1 vanillestokje
- 500 ml sauvignon blanc
- 100 g suiker
- 250 g chocoladesaus

EXTRA
- vanille-ijs

CHOCOLADEFLAN

VOOR 8 SCHAALTJES
- 400 g suiker
- 1 vanillestokje
- 500 g volle melk
- 60 g cacaopoeder
- mespunt zout
- 180 g ei of 4 eieren

1 Kook voor de karamel 300 gram suiker met 150 gram water in een steelpan (zie how-to blz. 110). Breng 100 gram water tegen de kook aan en giet het op de karamel. Laat afkoelen.

2 Zet acht schaaltjes op een hoge bakplaat (of in een groot bakblik) en vul de bakplaat met 2 tot 3 centimeter water.

3 Verwarm de oven voor tot 190 °C.

4 Snijd voor de flanvulling het vanillestokje open en schraap het zaad eruit. Breng de melk, het cacaopoeder, vanillestokje en -zaad en zout aan de kook.

5 Klop de eieren met 100 gram suiker tot een lobbige massa en voeg dan al roerend langzaam de hete melk toe. Verwijder het vanillestokje en druk nog even de laatste resten vanille eruit.

6 Verdeel eerst de karamel over de schaaltjes en giet daarna voorzichtig de flanvulling erover. Zorg ervoor dat de vulling niet mengt met de karamelsaus.

7 Bak de flan in 30 tot 35 minuten gaar in de oven. Controleer of de flans gaar zijn door een satéprikker in het midden te steken; als deze er schoon uit komt is de flan gaar.

8 Laat de flans afkoelen. Serveer ze in de schaaltjes of keer ze om op een mooi bord.

MOELLEUX MET GEKARAMELLISEERDE APPEL

DIT IS EEN SMAAKSENSATIE VOOR CHOCOLADE-LIEFHEBBERS. HELEMÁÁL IN COMBINATIE MET DE APPELTJES EN EEN DRUPJE CALVADOS.

1 Verwarm de oven voor tot 170 °C.

2 Smelt de boter in een steelpan, maar laat het niet koken. Haal de pan van het vuur en roer de chocolade erdoor tot er een gladde massa ontstaat. Laat op een warme plek staan.

3 Doe de amandelen, 80 gram suiker, het zout en de calvados in de keukenmachine. Meng tot een smeuïge spijs en schep deze over in een kom.

4 Verwarm al kloppend met een garde de eieren met 60 gram suiker au bain-marie tot een temperatuur van 50 °C. Spatel dan beetje bij beetje de eieren door de amandelspijs tot een homogene massa.

5 Zeef de bloem en bakpoeder boven een kom. Spatel de bloem en bakpoeder door de homogene massa. Spatel als laatste het chocolademengsel erdoor.

VOOR 8-10 KLEINE MOELLEUX OF ÉÉN GROTE

- 125 g boter
- 115 g melkchocolade, gehakt
- 120 g amandelen, vliesjes verwijderd
- 140 g suiker
- mespunt zout
- 15 g calvados
- 180 g ei of 4 eieren
- 45 g bloem
- 3 g bakpoeder

GEKARAMELLISEERDE APPELS

- 3 appels
- 50 g boter
- 50 g suiker
- 10 g citroensap
- 1 g kaneelpoeder

Zie de volgende pagina voor het vervolg van dit recept.

6 Vul de (wegwerp)spuitzak met het mengsel. Knip een gaatje in de spuitzak en vul de moelleux-vormpjes (of de ene vorm) voor drievierde met het chocolademengsel, want het beslag gaat nog rijzen.

7 Schil de appels. Snijd de appels in mooie partjes (gebruik bij voorkeur een appelverdeler) en snijd het klokhuis eruit.

8 Smelt voor de gekaramelliseerde appels de boter met de suiker, het citroensap en kaneelpoeder in een koekenpan. Voeg de appelpartjes toe zodra het mengsel begint te karamelliseren. Bak de partjes om en om in ongeveer 3 minuten, ze moeten nog stevig aanvoelen.

9 Verdeel de gebakken appelpartjes over de cake(jes).

10 Bak de moelleux in 14 minuten in de oven. Prik een satéprikker in het midden, de moelleux hoeft nog niet helemaal gaar te zijn.

IN DIT HOOFDSTUK STAAN CHOCOLADEGERECHTEN VOOR ZOWEL VEGANISTEN ALS ALLESETERS. MAAK EENS EEN HEERLIJKE BABA GANOUSH MET CHOCOLADE. JE ZULT VERSTELD STAAN HOE LEKKER DE COMBINATIE VAN COURGETTE MET CHOCOLADE IS. OF WAT DACHT JE VAN EEN SMEUÏGE TOSTI MET MOZZARELLA EN CHOCOLADE OF EEN CHUTNEY MET CHOCOLADE. MAAR HET LEUKSTE OM TE MAKEN IS TOCH WEL DE KIP APHRODITE, WAARBIJ JE MET EEN OPLOSSING VAN CHOCOLADE, ZOUT EN PEPER HET VLEES VAN DE KIP ECHT SUPERSAPPIG MAAKT. EN TOT SLOT NIET TE VERGETEN EEN ECHTE HOLLANDSE KLASSIEKER, DE KROKET. MAAR DAN EEN KEER GEVULD MET HEERLIJKE PURE CHOCOLADE.

GERECHTEN MET CHOCOLADE

BABA GANOUSH **423** CHOCOLADETAGLIONI MET PADDENSTOELENSAUS **424** CHOCOLADEFONDUE **427**
CHILI CON CHOCOLADE **428** STEAK **430** CHOCOLADESALADE **431** TEMPURA **432**
GELE BIET MET BEURRE CACAO **434** TOSTI **435** CHOCOLADEGRANOLA **438** KIP APHRODITE **441**
CHOCO-CHUTNEY **442** CHOCOLADEKROKET **445**

BABA GANOUSH

DOOR DE GEROOSTERDE AUBERGINES EN DE WITTE CHOCOLADE WORDT DIT EEN FLUWEELZACHTE TRAKTATIE, HEERLIJK VOOR BIJ DE BORREL.

1 Verwarm de oven voor tot 200 °C.

2 Rooster de aubergines, bij voorkeur in houtskool maar je kunt ze ook op een gaspit leggen of 40 minuten in de voorverwarmde oven tot ze zwart en gaar zijn. Laat afkoelen. Pel de zwarte schil van de aubergines en doe het vruchtvlees en het vocht in de keukenmachine.

3 Rooster de tenen knoflook in de schil 20 minuten in de oven. Haal de schil eraf en doe het knoflook ook in de keukenmachine, met de tahin, het citroensap, de helft van de peterselie, het komijnpoeder, paprikapoeder, zout, de peper en de chocolade en pureer goed. Controleer op smaak en voeg eventueel nog zout en of peper toe.

4 Serveer de baba ganoush op een mooie schaal en garneer met de pitten uit de granaatappel, de overige peterselie en eventueel olijfolie. Verwarm het brood, snijd het in stroken en serveer met de baba ganoush.

VOOR 8 PERSONEN
- 2 aubergines
- 8 tenen knoflook
- 80 g tahin
- 2 citroenen, uitgeperst
- 1 el peterselie, fijngesneden
- 3 g komijnpoeder
- 3 g paprikapoeder
- 1 g zeezout
- snuf versgemalen peper
- 60 g witte chocolade, gesmolten
- 1 granaatappel
- scheut olijfolie
- pitabrood

TIP De witte chocolade kan vervangen worden door pure chocolade: begin met 15 gram en proef de baba ganoush. Voeg eventueel meer naar smaak toe.

CHOCOLADETAGLIONI MET PADDENSTOELENSAUS

1 Doe de bloem, semolina, eieren, het cacaopoeder, olijfolie, citroenrasp en het zout in de keukenmachine en laat de machine (met deeghaken) ongeveer 5 tot 6 minuten mengen tot een mooi elastisch deeg.

2 Voeg een beetje lauw water toe als het deeg te droog aanvoelt of wat bloem als het te slap aanvoelt.

3 Haal het deeg uit de kom, maak er een bol van en bestuif deze met bloem. Leg er een theedoek overheen tegen het uitdrogen. Laat het deeg zo 30 minuten liggen.

4 Bestuif je werkblad, vorm een rechthoek van het deeg en rol het uit in een lange plak. Zorg ervoor dat er niet te veel bloem op zit.

5 Vouw beide kanten van het deeg naar binnen zodat het een gelijkmatige rechthoek wordt en rol het verder uit in plak van ongeveer 3 millimeter dikte.

6 Snijd de plak in stroken van 1 centimeter breed. Je kunt de plak ook oprollen en rolletjes van 1 centimeter breed snijden, de rolletjes dan losmaken en er pastanestjes van vormen.

VOOR 4 PERSONEN

- 300 g bloem type 00, plus extra om te bestuiven
- 100 g semolina van harde tarwe
- 225 g ei of 5 eieren, op kamertemperatuur
- 30 g cacaopoeder
- 30 g olijfolie, plus extra om in te vetten
- citroenrasp, naar smaak
- 2 g zout
- 25 g zeezout

SAUS

- 10 g cèpes (eekhoorntjesbrood of funghi-porcini)
- 200 g gemengde paddenstoelen
- 25 g roomboter
- 200 ml slagroom
- 150 ml groentebouillon
- 15 g whisky
- zout en peper
- 100 g pecorino of Parmezaanse kaas

7 Meng voor de saus de gedroogde cèpes met 75 gram kokendheet water en dek de kom af.

8 Veeg de paddenstoelen (bijvoorbeeld cantarellen, shiitaken of eekhoorntjesbrood) schoon en droog met een borsteltje. Snijd de steeltjes van de grotere paddenstoelen af en laat de kleinere heel.

9 Verhit de boter in een koekenpan en bak de paddenstoeen op een middelhoog vuur goudbruin. Haal ze uit de pan en zet apart.

10 Meng in een steelpan de slagroom, groentebouillon en het water van de cèpes. Snijd de geweekte cèpes iets kleiner, voeg toe aan de pan en laat ongeveer 20 minuten voor eenderde inkoken. Voeg de paddenstoelen en de whisky toe. Houd het mengsel warm en controleer op smaak.

11 Kook in een grote pan 3 liter water met het zeezout.

12 Voeg als het water kookt 300 gram pasta toe. Leg het deksel op de pan, breng het water weer aan de kook en haal dan het deksel van de pan. Controleer na 3 minuten of de pasta gaar is, en daarna elke 30 seconden.

13 Giet goed af en leg de pasta op warme borden. Verdeel de saus over de pasta en schaaf de pecorino er royaal overheen.

TIP De pecorino is zachter van smaak en past beter bij dit gerecht dan Parmezaanse kaas, maar mocht je geen pecorino kunnen krijgen dan smaakt Parmezaanse kaas toch heel lekker.

CHOCOLADEFONDUE

FONDUEN WAS VOORAL IN DE JAREN 70 ERG POPULAIR, ALLEEN HADDEN ZE TOEN DEZE VARIANT MET CHOCOLADE NOG NIET. DUS HAAL DE FONDUEPAN EN DE STOKJES MAAR WEER TEVOORSCHIJN, EN GENIET MET ELKAAR VAN EEN HEERLIJK AVONDJE CHOCOLADEFONDUEN.

1 Maak het fruit (bijvoorbeeld ontpitte kersen met steel, banaan, ananas, kiwi, mango, aardbeien) schoon en snijd ze in stukken. Besprenkel het fruit met balsamico-chocoladedressing (zie recept blz. 120).

2 Snijd het brood in stukken. Doe het fruit, brood, de noten en marshmallows in aparte kommetjes.

3 Verhit de slagroom en de melk in een steelpan en breng aan de kook. Voeg de chocolade toe en roer glad. Giet de chocolade in de fonduepan of in een dubbelwandige schaal.

4 Dip met de fonduevorkjes het brood, het fruit, de noten of de marshmallows in de chocolade en – genieten maar.

VOOR 6 PERSONEN
- 500 g fruit
- 50 g balsamicodressing
- 1 brioche
- 100 g walnoten, geroosterd
- 100 g pecannoten, geroosterd
- 100 g marshmallows
- 200 g slagroom
- 30 g melk
- 100 g chocolade 70%, gehakt
- 120 g melkchocolade, gehakt

TIP Je kunt de chocolade op smaak brengen met wat honing.

CHILI CON CHOCOLADE

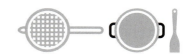

1 Laat de kidneybonen uitlekken in een zeef.

2 Fruit in de grote pan de uien en het knoflook in de olie op middelhoog vuur glazig. Voeg de paprika toe en bak 2 minuten mee.

3 Voeg de wijn, tomaten, oregano, rode peper en zout naar smaak toe en laat 10 minuten garen zonder deksel op de pan.

4 Voeg als de saus kookt de kidneybonen en de chocolade toe en breng eventueel op smaak met nog wat zout en peper.

5 Serveer de chili in een schaal, strooi de koriander erover en serveer met de tortillachips erbij.

VOOR 6 PERSONEN

- 800 g kidneybonen uit blik
- 4 uien, gesnipperd
- 4 tenen knoflook, fijngesneden
- 2 el olie
- 1 gele paprika, ontpit en in blokjes gesneden
- 1 groene paprika, ontpit en in blokjes gesneden
- 1 rode paprika, ontpit en in blokjes gesneden
- 75 g rode wijn
- 1 blik tomaten in blokjes
- 1 el oregano
- 1 verse rode peper, zaadvrij en fijngesneden
- 75 g pure chocolade 70%, fijngehakt
- 2 el verse koriander, fijngesneden
- zout en peper

EXTRA

- tortillachips

STEAK

OP EEN STEAK SMELT DE BOTER LANGZAAM WEG EN GEEFT EEN VOLLE RIJKE CHOCOLADE SMAAK AAN JE STEAK.

VOOR 4 PERSONEN
- 1 verse rode peper
- 50 g cacaonibs
- 1 g zout
- 100 g boter
- 4 T-bonesteaks of rib-eyes
- zeezout
- olijfolie

1 Snijd de rode peper in dunne ringen. Vermaal in de keukenmachine de cacao-nibs met het zout en een aantal peperringen naar smaak tot poeder. Verwarm de boter met het poeder tot deze gaat bruisen en laat afkoelen.

2 Een perfecte steak moet minimaal 2,5 centimeter dik zijn en per persoon 200 gram wegen zonder bot (met bot 400 gram).

3 Zout het vlees 2 uur voor het grillen aan beide kanten en smeer de steaks in met olijfolie. Dek het vlees af met plasticfolie en laat op kamertemperatuur komen.

4 Zet je barbecue klaar met de kolen in twee zones: een hete zone en een lege zone waar het vlees komt te liggen. Maak het rooster schoon door met een halve citroen erover te wrijven en met een krant het rooster schoon te vegen. Herhaal dit net zo lang tot het rooster blinkt.

5 Laat de kolen wit en heet worden. Leg dan het vlees met de kernthermometer erin aan de kant zonder de kolen eronder en doe de klep dicht. Wacht tot de kernthermometer 55 °C aangeeft, gril dan de steak nog even aan beide zijden op de kant van de hete kolen om het vlees dicht te schroeien.

6 Serveer het vlees met een klont boter erop.

CHOCOLADESALADE

DE CACAONIBS GEVEN DEZE FRISSE SALADE EEN AANGENAME BITE.

1 Was de spinazie, de rucola en de sla. En snijd grof. Snijd de dille fijn. Pel de sinaasappels en snijd in halve partjes. Meng de spinazie, rucola, friseesla, dille, het basilicum, de cacaonibs, het zout, de peper, sinaasappelpartjes en balsomicosaus in een kom en meng goed.

2 Breng eventueel nog op smaak met zout en peper en serveer de salade direct.

VOOR 8 PERSONEN

- 1 bos babyspinazie
- 1 bos rucola
- 1 bos friseesla
- 4 takjes dille
- 3 sinaasappels
- 20 blaadjes basilicum
- 75 g cacaonibs
- 3 g zoutflakes
- 3 g zwarte peper
- 100 ml balsamico-chocoladesaus (zie recept blz. 120)

TEMPURA

1 Meng voor de saus de groentebouillon, suiker, sojasaus en sake en doe de saus in een mooie kom.

2 Maak het tempurabeslag. Giet 500 milliliter ijskoud water in een kom en meng de bloem, glucosepoeder, cacaonibs, koriander, eidooier, chilipeper en het zout er met een garde door.

3 Was de bosuitjes en snijd in stukken van 8 tot 10 centimeter. Snijd de paprika's doormidden, verwijder de zaadlijsten en snijd in smalle stroken. Was de bospenen, verwijder het loof en snijd de penen in drieën. Snijd de asperges in twee of drie stukken. Was de aubergines en snijd in lange stroken. Snijd de oesterzwammen in smalle stroken. Schil de zoete aardappels en snijd in smalle stroken. Maak de inktvisringen en de garnalen goed schoon.

4 Verhit de olie in een ruime pan tot 180 °C. Neem een van de bovenstaande ingrediënten en haal die door het beslag. Leg ze in de hete olie en bak gaar.

5 Frituur soort voor soort en zorg ervoor dat de olie schoon blijft (schep met een fijne schuimspaan de restjes deeg eruit) en steeds op temperatuur komt voor je er weer een portie gaat bakken.

6 Serveer de tempura met de saus.

VOOR 6 PERSONEN

- 1 bos bosuitjes
- 2 paprika's
- 1 bos bospeen
- 12 dunne asperges, geschild
- 8 kleine aubergines
- 1 doosje oesterzwammen
- 2 zoete aardappels
- 24 inktvisringen
- 12 grote garnalen

TEMPURABESLAG

- 300 g bloem
- 10 g glucosepoeder
- 60 g cacaonibs
- 2 el koriander, fijngehakt
- 15 g eidooier of 1 eidooier
- 1 of 2 verse chilipepers, ontpit en fijngesneden
- 1 g zeezout

SAUS

- 240 ml lauwwarme groentebouillon
- 10 g suiker
- 60 ml sojasaus
- 60 ml sake

EXTRA

- 1 l arachide-, druivenpit- of zonnebloemolie
- wasabi

GELE BIET MET BEURRE CACAO

DE KEUZE VAN DE BIETEN IS VOOR EEN GROOT DEEL AFHANKELIJK VAN WAT ER TE KOOP IS. GELE BIETEN ZIJN ECHTER ZOETER DAN RODE EN WITTE BIETEN ZIJN WEER ZOETER DAN GELE. KIES IN ELK GEVAL ZO VEEL MOGELIJK BIETEN VAN GELIJKE GROOTTE.

VOOR 4 PERSONEN
- 1 kg verse gele bieten
- 50 ml vermout
- 150 g koude boter, in blokjes
- 15-25 g cacaopoeder

1 Verwarm de oven voor tot 160 °C.

2 Snijd de wortelen de kroon van de bieten. Pak de bieten in aluminiumfolie in en leg ze in een ovenschaal. Gaar de bieten maximaal 1 uur in de oven. Laat ze minimaal 15 minuten afkoelen, haal ze dan uit de folie.

3 Verwarm de vermout in een kleine steelpan op laag vuur en meng met de staafmixer de boter er blokje voor blokje door, voeg pas een blokje toe als de andere volledig is opgenomen in de saus.

4 Voeg als laatste de cacaopoeder toe aan de saus.

5 Schil de bieten en snijd ze in kwarten of achtsten en leg ze op borden. Giet een beetje saus over de bieten en serveer de bieten als ze nog warm zijn.

TOSTI

O ZO SIMPEL, MAAR ERG LEKKER – EN DAT IS ALTIJD EEN GOEDE COMBINATIE.

VOOR 2 TOSTI'S
- 4 dikke boterhammen
- 15 g boter
- 25 g chocolade 70%
- 2 zongedroogde tomaten op olie
- 1 bol mozzarella
- snufje zout en peper
- ketchup, optioneel

1 Verwarm het tosti-ijzer.

2 Leg twee boterhammen op een snijplank en bestrijk ze dun met boter. Schaaf de chocolade erover.

3 Leg de andere boterhammen op de snijplank. Snijd de zongedroogde tomaten en de mozzarella in smalle stroken en verdeel ze over de boterhammen. Breng op smaak met zout en peper. Leg op elke boterham met tomaat en mozzarella een boterham met chocolade.

4 Rooster de tosti's in het tosti-ijzer tot ze mooi bruin zijn en de mozzarella en chocolade gesmolten zijn.

5 Serveer de tosti's eventueel met ketchup.

CHOCOLADEGRANOLA

NEEM ALS JE OP PAD GAAT EEN FLINKE ZAK CHOCOLADEGRANOLA MEE EN JE MAAKT ONDERWEG VRIENDEN VOOR HET LEVEN.

1 Verwarm de oven voor tot 150 °C. Bekleed een bakplaat met bakpapier.

2 Meng in een kom de amandelen, pecannoten, havermout, honing en suiker en spreid het mengsel uit over de bakplaat. Rooster 15 minuten in de oven tot het geheel goudbruin is.

3 Smelt de boter in een steelpan en voeg het cacaopoeder, de rozijnen en cacaonibs toe en roer goed.

4 Doe het geroosterde notenmengsel in een kom. Maak grote stukken wat kleiner en giet de inhoud van de steelpan en de gesmolten chocolade (op een temperatuur van ongeveer 35 °C) erover. Meng goed met een spatel en laat afkoelen.

VOOR 10 PORTIES

- 150 g amandelen, vliesjes verwijderd, geroosterd en gehakt
- 150 g pecannoten, geroosterd en gehakt
- 90 g havermout
- 170 g honing
- 30 g suiker
- 45 g boter
- 30 g cacaopoeder
- 75 g rozijnen
- 70 g cacaonibs
- 150 g chocolade 70%, gesmolten

KIP APHRODITE

DEZE KIP INJECTEER JE, WAARDOOR HET VLEES SUPERSAPPIG WORDT.

VOOR 4 PERSONEN
- 1 hele grote kip of 2 kleine
- 20 g cacaonibs
- 7½ g zout
- 4 g versgemalen peper
- 2 stengels citroengras, optioneel
- 100 g chocolade 70%, gehakt

1 Leg de kip in een niet te grote ovenschaal.

2 Hak de cacaonibs fijn in de keukenmachine. Giet 500 milliliter water in een steelpan en voeg de cacaonibs, het zout, de peper en eventueel het citroengras toe. Kook 1 minuut. Voeg de chocolade toe en laat afkoelen.

3 Giet het chocoladewater door een zeef in een maatbeker en bewaar het bezinksel. Vul de injectiespuit en spuit rustig het chocoladewater in de kip, beweeg de spuit steeds omhoog en verdeel zo het vocht in het vlees.

4 Druk steeds met je vinger op de plek waar je de spuit in gestoken hebt om te voorkomen dat het water er weer uit komt als je de spuit uit het vlees haalt.

5 Injecteer de kip minimaal 6 uur van tevoren, maar liever een hele dag.

6 Verwarm de oven voor tot 225 °C.

7 Bak de kip 1 uur in de oven. Keer halverwege om. De kip is gaar als het vlees een kerntemperatuur heeft van 72 °C.

TIP Laat de kernthermometer tijdens het braden in de kip zitten.

CHOCO-CHUTNEY

VOOR DIT RECEPT GEBRUIKEN WE VERSE RODE PEPER, OMDAT DIE EEN HEERLIJK PITTIGE SMAAK GEEFT AAN DEZE CHUTNEY.

1 Schil de ui en snijd in dunne ringen. Pel het knoflook en snijd fijn. Fruit de ui en het knoflook in de olijfolie glazig. Voeg de suiker en azijn toe en laat karamelliseren. Giet zodra het mengsel kleur krijgt de azijn erbij en laat karamelliseren tot het goudbruin is.

2 Snijd de tomaten in blokjes en verwijder de zaadjes. Snijd de peper doormidden en verwijder de zaadjes, snijd de peper fijn.

3 Voeg de tomaten, peper, cacaonibs en het zout toe aan de pan en laat op laag vuur 1 uur sudderen met het deksel op de pan. Voeg af en toe een drupje water toe.

4 Bewaar de chutney in de koelkast. Hij is vooral heel lekker op een tosti.

VOOR 1 POT CHUTNEY
- 1 grote zoete ui
- 2 tenen knoflook
- 2 el olijfolie
- 75 g suiker
- 2 el rode frambozenazijn
- 6 tomaten
- 1 verse chilipeper
- 35 g cacaonibs
- mespunt zout

CHOCOLADEKROKET

BITTERBALLEN EN KROKETTEN ZIJN IN NEDERLAND FAVORIETE BORRELSNACKS. DEZE ZOETE VARIANT MOCHT DUS NIET ONTBREKEN IN DIT BOEK. WANT GELOOF HET OF NIET, JE KUNT VAN CHOCOLADE EEN ECHTE KROKET MAKEN. GEFRITUURD EN AL.

VOOR 8-10 KROKETTEN

- 60 g eidooier of 4 eidooiers
- 45 g ei of 1 ei
- 40 g poedersuiker
- mespunt zwarte peper
- 1 g zout
- 225 g chocolade 70%, gesmolten
- 170 g boter
- 150 g paneermeel
- 120 g eiwit
- 500 ml zonnebloemolie

SAUS

- 270 g mangopuree
- 20 g citroensap

1 Klop voor de chocoladecompositie de eidooier, het ei, de poedersuiker, zwarte peper en het zout met een garde luchtig, roer de chocolade erdoor en daarna de boter.

2 Laat de chocoladecompositie au bain-froid (zie how-to blz. 63) opstijven.

3 Strooi het paneermeel op een bord en doe het eiwit op een ander bord. Zet de borden tegen elkaar aan, zodat je de kroket straks makkelijk van het ene naar het andere bord kunt rollen.

4 Schep met de ijsknijper een bol uit de chocoladecompositie. Rol deze door het paneermeel waardoor de vorm ovaal en iets dunner wordt. Rol vervolgens de kroket door het eiwit, weer door het paneermeel en nog een keer door het eiwit. Rol de kroket als laatste nog een keer door het paneermeel. Herhaal dit voor de andere kroketten en leg ze in de koelkast om op te stijven.

5 Meng voor de mangosaus de mangopuree met het citroensap en giet de saus in een kommetje.

6 Verhit de olie in de frituurpan naar 180 °C.

7 Frituur de kroketten 30 seconden tot een 1 minuut. Serveer de chocoladekroketten met de mangosaus.

DANKWOORD

Een boek maken voelt alsof je in een rollercoaster zit, maar wel een heel bijzondere. Vooral als het over eten gaat. Het zoeken naar de juiste ingrediënten en werkwijzen is een enorme uitdaging. Het begint met dromen over de juiste en heerlijkste combinaties, vervolgens komen het uitproberen, het proeven en het opschrijven van de receptuur. Vele malen alles opnieuw proberen en opschrijven is een proces waar je een goed team bij nodig hebt.

Ten eerste Arjan Weenink en Marieke Dijkman, we kennen elkaar al sinds de uitgave van *IJstijd* in 2011. Bedankt voor weer een leuke en succesvolle samenwerking.

Mijn vrouw Marieke heeft het soms zwaar te verduren gehad met mijn stress, maar ook met de rotzooi in huis. De keuken lag vol met noten, cacao, bloem en verschillende huishoudelijke apparaten. Ik ben blij dat zij er zo open in staat en mij mijn gang laat gaan, anders was dit boek niet geworden wat het nu is.

Het schrijven is voor een dyslect als ik niet makkelijk, maar zeker niet voor degenen die de recepten hebben herschreven. Roderik Westra, Annemie Stijns en Marieke hebben hier vele uren aan besteed, om de teksten te ontleden en begrijpelijk op papier te zetten.

Pia Blanco, onze buurvrouw en mijn vrouw Marieke hebben mijn chocoladefantasieën, mijn passie en ervaringen verwerkt in de intro's van de recepten. Een grote uitdaging, en dat naast hun eigen drukke werk. Deze bijdrage is van grote waarde. Ook zeker petje af voor Mariëlle van der Goen. Het moet een hele opgave geweest zijn om al die teksten leesbaar te maken. Je geduld en meedenken zijn enorm waardevol geweest.

Tijdens de productie van dit boek hebben we het geluk gehad dat twee stagiaires van het ROC mbo 4 patisserie hebben geholpen met het maken van de recepten: Linda Viersen en Koen Burlage, zonder jullie hadden we niet met zo veel gemak de foto's kunnen maken. De foto's, die zijn gestyled door Alexandra Hereijgers en werden gemaakt door Saskia Lelieveld, kwamen tot leven. Het leek soms wel magie, en dat zonder bezemsteel.

Dit boek zou er niet zo mooi uitzien zonder de vormgeving, illustraties en iconen van Tijs Koelemeijer en het vakkundige opmaakwerk van Nele de Smedt. Rutger van den Broek, bedankt dat we je omrekentabel hebben mogen opnemen in dit boek.

Tot slot wil ik mijn team van Metropolitan bedanken voor hun geduld en tolerantie, iets wat ik eigenlijk vaker zou moeten zeggen.

En mijn moeder Rita, ze zeggen wel dat je als zoon steeds meer op je vader gaat lijken, maar in mijn geval is dat niet zo. Wat lijk ik op mijn moeder, de tomeloze energie en ondernemingsdrift heb ik van haar. Voor ons is het leven altijd vol avontuur en nooit saai.

Helaas kan mijn vader dit boek niet zelf vasthouden, voelen en bewonderen. Maar pap, dank je wel voor je aanwezigheid in mijn leven, ook al ben je er al zo lang niet meer. Ook zonder jou zou ik niet zijn gekomen waar ik nu sta.

En natuurlijk dank aan alle lezers van dit boek, ga vooral door met het maken van de gerechten uit *Chocoladebijbel*. Dit boek moet veelvuldig gebruikt worden, daar word ik heel blij van.

Kees

RECEPTENINDEX

RECEPTENINDEX

BASISRECEPTEN - DEEG

Kookdeeg 115
Roerdeeg 114
Zetdeeg 114

BASISRECEPTEN - SAUZEN EN GLAZUREN

Balsamico-chocoladesaus 120
Chocolade-hazelnootglazuur 119
Chocolade-karamelsaus 118
Chocoladesaus 117
Klassieke chocoladeganache 120
Witte chocoladeglazuur 119

RECEPTEN

A

Amandeldragees 350
Amandelkrullen met nibs 242
Amandel-zeezoutrotsjes geroosterd in honing 328
Arretjescake 199

B

Baba ganoush 423
Ben Hur 345
Black Albert 290
Black velvet-taart 181
Blondies 209
Bonbons met amandel 316
Bonbons met karamel-zeezout 320
Bonbons met pistache 339
Bonbons met likeur 368
Bonbons met waterganache 324
Bounty 2.0 252

C

Cakejes van chocolade en amandel 214
Cappuccinoreep 142
Chai-theecup 270
Chili con chocolade 428
Choco-chutney 442
Chocolade-amandelkrokant 229

Chocoladebar met marshmallow 261
Chocoladeborstplaat 374
Chocolade-boterkoek 237
Chocolade-boterkoek met hazelnoot 239
Chocoladecake 204
Chocoladecanelés 191
Chocolade-cantuccini 226
Chocolade-cheesecake 175
Chocoladecrème 406
Chocoladeflan 414
Chocoladefondue 427
Chocolade-fudgeblokjes 352
Chocolade-ganachetaart 159
Chocolade goudstaven 213
Chocoladegranité 386
Chocoladegranola 438
Chocoladekaramels 367
Chocolade-karameltruffels 315
Chocoladekoekjes met gember 224
Chocoladekoekjes met karamel 234
Chocoladekroket 445
Chocolademadeleines 192
Chocolademelk met rum of tequila 284
Chocolademilkshake 283
Chocolademousse op basis van eieren 391
Chocolademousse op basis van water 393
Chocolade-notenlikkepot 310
Chocoladepasta met pinda's 308

Chocolade-perentaart 165
Chocoladepudding 400
Chocoladereep met bietjes 138
Chocoladereep met dadels en zoutflakes 276
Chocoladereep met gedroogd fruit 140
Chocoladereep met gepofte rijst 145
Chocoladereep met honing en noten 254
Chocoladereep met nougat de montélimar 132
Chocoladereep met rozemarijn-zeezout 135
Chocoladereep met vers fruit 153
Chocoladereep met zeezout-karamel 130
Chocoladerondjes met popcorn 136
Chocoladeroomijs 382
Chocoladesalade 431
Chocoladeslagroom 390
Chocoladesoda 288
Chocoladesoesjes 407
Chocolade-sorbetijs 383
Chocoladesoufflé 394
Chocolade-speculoospasta 306
Chocoladetaart 168
Chocoladetaart met frambozen 177
Chocoladetaart met walnoot en karamel 172
Chocoladetaglioni met paddenstoelensaus 424
Chocoladetruffels met whisky 331
Chocoladewafel 402
Chocolade-whiskyreep 144

Chocolate chip cookies 221
Choco-zabaglione 297
Citroenettes 355
Citroen-maanzaadtulband met chocoladelawine 217
Crème brûlée 381

D

Drop choc 332

F

Flikken 363
Florentines 236
Floating chocolate old fashioned 293
Floating espresso-martini 295

G

Gele biet met beurre cacao 434
Gemberbier-cup 272
Gerookte chocoladereep 143
Gevulde giandujareep 149

H

Hangover bar 264
Hazelnootdragees 365
Honing-chocoladepasta 300

I

IJslolly 411
In between love chocolate-cake 183

K

Kersenbonbons 322
Kilimanjaro-bonbon 362
Kim xxl 269
Kip aphrodite 441
Klassieke brownies 206

M

Macarons met chocolade 230
Mars 247
Marsepeinhartjes 327
Marshmallows met chocolade 371
Melkchocoladereep met hazelnoten 126
Melkchocoladetaart met pistache 162
Moddertaart 167
Moelleux met gekaramelliseerde appel 417
Muffins 194
Muntbonbons 376

N

Nutella 303

O

Oreo-koekjes 233

P

Paaseitjes 359
Pain d'amande 240
Parfait 388
Pecan-fudgebonbon 347
Peren met chocoladesaus 412

Pindarotsjes 337
Pure chocoladereep 125

R

Rocky road 202
Rumble in the jungle 281

S

Shropshire-truffel 340
Sinaasappel-chocolademarmelade 309
Sinterklaaspop 147
Slagroomtruffels 335
Smeltende chocoladebol 398
Smoothie 296
Snickers 259
Steak 430
Sticky toffee chocolate pudding cake 200

T

Tempura 432
Toblerone 250
Tosti 435
Tulband met chocolade en rozen 210
Twix 257

V

Vegan brownie 205
Vegan energy bar 255
Venus 267

W

Warme chocolademousse met frambozen 405
Whisky sour 287

Whoopie pies 197
Witte-chocoladepasta met cashew 304
Witte chocoladereep met pistachenoten 128
Witte chocoladetaart met sinaasappel 186
Witte manon café 348
Witte-, melk- en pure chocoladepasta 305

Z

Zandkoekjes met chocolade 222
Zoenen 275
Zoethoutlolly 357

INGREDIËNTENREGISTER

INGREDIËNTENREGISTER

A

Aardbei 140
Abrikozenjam/-gelei 183
Angosturabitter 281, 293
Appel 252, 417
Asperge 432
Aubergine 423, 432
Azijn
    balsamicoazijn 120
    frambozenazijn 442
    wijnazijn 181
    wittewijnazijn 162, 272

B

Babyspinazie 431
Balsamicodressing 427
Banaan 296
Baking soda 181
Bakpoeder 162, 167, 175, 192, 194, 197, 200, 204, 206, 209, 214, 217, 221, 224, 230, 233, 240, 257, 417
Basilicum 431
Biet, rood/geel/oranje 138, 434
Bigarreaux 236
Bladgoud 168
Bloem 159, 165, 168, 172, 175, 177, 181, 191, 192, 194, 197, 200, 204, 206, 213, 214, 217, 221, 222, 224, 233, 234, 237, 239, 242, 257, 275, 402, 407, 417, 432
    boekweitbloem/-meel 162, 167, 186, 209

harde tarwe / semolina 424
tipo 00-bloem 226, 424
Zeeuws bloem 240
Bospeen 432
Bosuitjes 432
Boter; in alle recepten wordt gebruikgemaakt van ongezouten roomboter
Brandewijn 322
Brioche 427
Brood 435

C

Cacao
    cacaobonen 143
    cacaoboter 143, 144, 252, 254, 328
    cacaonibs 125, 144, 205, 242, 381, 430, 431, 432, 438, 441, 442
    cacaopoeder 159, 165, 168, 172, 177, 181, 183, 191, 192, 194, 197, 199, 204, 205, 213, 222, 224, 229, 230, 233, 237, 239, 240, 281, 287, 288, 297, 303, 324, 331, 335, 340, 350, 365, 371, 374, 394, 400, 411, 414, 424, 434, 438
Calvados 417
Chai-theepoeder 270
Champagne 290
Chocolaatjes 283
Chocolade (naar keuze) 130, 132, 136, 140, 168, 175, 221, 236, 320
    dulce chocolade 383, 388
    karamelchocolade 382
    melkchocolade 117, 118, 126, 145, 147, 149, 153, 162, 172, 202, 214, 230, 234, 247, 257, 259, 261, 264, 269, 270, 272, 293, 305, 306, 310, 316, 328, 332, 337, 340, 345, 348, 350, 355, 357, 363, 365, 382, 383, 388, 390, 391, 398, 406, 417, 427
        donkere melkchocolade 142, 275
        donkere melkchocolade 50% 270
        donkere melkchocolade 60% 250
    pure chocolade 125, 135, 138, 147, 149, 153, 226, 261, 272, 300, 306, 316, 327, 335, 355, 359, 363
        pure chocolade 50% 175
        pure chocolade 70% 119, 120, 159, 165, 167, 168, 177, 191, 192, 194, 200, 202, 204, 205, 206, 210, 213, 217, 230, 237, 239, 252, 254, 255, 261, 272, 276, 281, 284, 295, 296, 303, 305, 308, 309, 310, 315, 316, 322, 324, 331, 339, 347, 352, 362, 367, 368, 371, 376, 381, 382, 383, 386, 388, 390, 391,

393, 394, 400, 402, 405, 406, 407, 411, 427, 428, 435, 438, 441, 445

ruby of roze chocolade 267, 269, 382, 383, 388

witte chocolade 117, 119, 128, 142, 147, 149, 153, 175, 183, 186, 209, 261, 264, 267, 304, 305, 348, 363, 382, 383, 388, 390, 391, 423

Chocoladehagelslag 194, 322

Chocoladeijs 283, 293

Chocoladereep 194

Chocoladesaus 412

Chocoladesiroop 287, 288, 290

Chocoladevlokken 194

Chocoladevoetje 376

Citroen 138, 140, 162, 181, 186, 194, 197, 200, 210, 217, 221, 224, 234, 237, 239, 252, 264, 309, 327, 339, 355, 362, 383, 388, 391, 417, 423, 424, 445

Citroengras 441

D

Dadel 200, 205, 255, 276

Dille 431

Drop 332, 398

E

Ei 132, 159, 162, 165, 167, 168, 172, 175, 177, 181, 186, 191, 192, 194, 197, 199, 200, 204, 206, 209, 210, 213, 214, 217, 221, 224, 226, 229, 230, 233, 234, 237, 239, 240, 242, 252, 275, 287, 297, 376, 381, 388, 391, 394, 398, 400, 402, 405, 406, 407, 414, 417, 424, 432, 445

F

Fondant 322, 368, 374

Framboos 177, 327, 381, 405

Friseesla 431

Fruit, vers 153, 181, 393, 398, 427

G

Garnalen 432

Gelatinepoeder 119, 168, 183, 247, 259, 261, 275, 371, 390, 391, 400

Geleisuiker 309

Gember, vers 224, 272

Gemberbier 272

Gianduja 359

Glucosepoeder 432

Glucosestroop 118, 119, 132, 168, 183, 234, 275, 320, 324, 348, 355, 367, 368

Granaatappel 423

Groentebouillon 424, 432

H

Havermout 438

Havervlokken 255

Honing 118, 120, 126, 132, 159, 165, 168, 175, 194, 197, 202, 204, 217, 236, 247, 250, 254, 259, 261, 276, 300, 303, 305, 310, 327, 328, 331, 339, 340, 347, 362, 365, 371, 376, 382, 383, 386, 438

I

Inktvis 432

J

Johannesbroodpitmeel 382, 383

K

Kaas
  roomkaas 175, 181, 194
  Parmezaanse kaas 424
  pecorino 424
  Shropshire Blue 340

Kandijstroop 205

Kaneel
  kaneelpoeder 224, 240, 398, 417
  kaneelstokje 324

Karamel 234, 402

Kers 322
  kersengelei 269

Kidneybonen, uit blik 428

Kip 441

Kleurstof, eetbare, poeder/gel/vloeibaar 136, 181 (zwart), 183 (zwart, wit, oranje, rood), 210 (rood), 224, 233 (zwart), 332 (oranje), 371

Knoflook 423, 428, 442

Koekje 199, 202

Koffie
  espresso/ristretto 295, 345
  koffiebonen 142
  koffie-ijs 295
  koffieroom 237, 239
  oploskoffie 142, 237, 239, 345

Kokos
  kokosbloesemsuiker 205
  kokosolie 205
  kokosrasp 252

Komijnpoeder 423
Koriander, vers 428, 432

L

Likeur 335, 368, 393
Limoen 287

M

Maanzaad 217
Maiskorrels 136
Mango 140, 445
Maple syrup 255
Marsala 297
Marshmallow 202, 427
M&M's 202
Melk 191, 283, 310, 352, 391, 406, 407, 411, 414, 427
    amandelmelk 205
    gecondenseerde melk 168, 183, 247, 259
    karnemelk 181, 197
    volle melk 117, 165, 210, 270, 284, 382, 386, 400, 402, 405
Mozzarella 435
Munt 376

N

Noten, gemengd 202, 221
    amandelen 132, 149, 214, 229, 236, 240, 250, 255, 261, 276, 316, 327, 339, 350, 362, 417, 438
        amandelmeel/-poeder 159, 165, 172, 177, 204, 210, 213, 217, 230
        amandelpasta 276
        amandelschaafsel 236, 242

    splitamandelen 328
    cashewnoten 276, 304
    hazelnoten 119, 126, 205, 239, 261, 276, 303, 310, 348, 365
    macadamianoten 209, 254
    pecannoten 347, 427, 438
    pistachenoten 128, 162, 209, 210, 339
    walnoten 172, 205, 206, 276, 345, 362, 427

O

Olie
    druivenpitolie 432
    kokosolie 205
    olijfolie 316, 423, 424, 442
    plantaardige olie / arachideolie 136, 145, 149, 186, 197, 259, 398, 428, 432
    rozenolie 267
    zonnebloemolie 119, 234, 303, 306, 308, 432, 445
Oranjebitter 290
Oregano 428
Ouwel 132

P

Paddenstoel
    cèpes (eekhoorntjesbrood/funghi-porcini) 424
    gemengd 424
    oesterzwam 432
Paprika, rood/geel/groen 428, 432

Paprikapoeder 423
Peper
    cayennepeper 264
    chilipeper, gedroogd/poeder/vlokken 120, 140, 284, 324
    rode (chili)peper, vers 428, 430, 432, 442
    zwarte peper, versgemalen 140, 167, 224, 423, 424, 431, 435, 441, 445
Pepernoot 147
Peterselie 423
Peer 165, 296, 412 (poire williams)
Pijnboompitten 186
Pinda 255, 259, 308, 337
Pitabrood 423
Porter 290

R

Rijst 145
Rozemarijn 135
Rozen
    rozen, onbespoten 210
    rozenblaadjes, gedroogd 267
    rozenolie 267
    rozenwater 210
Rozijnen 438
Rucola 431
Rum 168, 191, 281

S

Sake 432
Sauvignon blanc 412
Sherry 297
Sinaasappel 186, 281, 287, 296, 309, 324, 355, 362, 431

sinaasappelschil, vers/gedroogd/gekonfijt 130, 186, 236, 281, 290

Slagroom 118, 119, 120, 159, 165, 168, 172, 175, 181, 194, 200, 204, 213, 217, 230, 234, 236, 247, 254, 257, 259, 267, 269, 270, 272, 281, 283, 284, 293, 295, 304, 305, 310, 315, 320, 331, 335, 340, 347, 352, 357, 367, 368, 374, 376, 381, 382, 388, 390, 391, 394, 400, 405, 406, 407, 424, 427

Smarties 136, 357

Snoepjes 283

Sojasaus 432

Speculaaskruiden 147

Speculooskoekjes 306

Spikkels 357

Sterkedrank 168, 214, 284, 393

Suiker, naast gewone kristalsuiker

    basterdsuiker 120, 162, 175, 197, 200, 206, 209, 221, 226, 236, 237, 239, 240

    fijne kristalsuiker/tafelsuiker 132, 376, 394

    gekleurde suiker 371

    knettersuiker 136, 357

    kokosbloesemsuiker 205

    poedersuiker 159, 165, 172, 177, 191, 210, 213, 217, 222, 224, 229, 230, 233, 252, 275, 315, 327, 332, 339, 340, 345, 348, 350, 362, 365, 374, 394, 402, 445

    suikerhartjes, rood 269

    suikerklontjes 293

    suikerpilletjes, gekleurd 194

T

Tahin 423

T-bonesteak / rib-eye 430

Tia Maria 295

Tomaat 442

    tomaten, zongedroogd op olie 435

    tomatenblokjes, uit blik 428

    tomatenketchup 435

    tomatensap 264

Tortillachips 428

U

Ui 428, 442 (zoet)

V

Vanille

    vanille-extract 175, 226, 316

    vanille-ijs 287, 402, 412

    vanillepoeder 181, 205

    vanillestokje 165, 191, 200, 233, 275, 288, 305, 324, 335, 348, 352, 402, 405, 412, 414

    vanillesuiker 165, 175, 197, 206, 209, 242, 402

Vermout 281, 434

W

Wasabi 432

Whisky/bourbon 144, 287, 293, 331, 424

Wijn, rood 428

Wodka 264, 283, 295

Z

Zoete aardappel 432

Zoethoutgruis 357

Zoethoutstokje 357

Zout, naast gewoon keukenzout

    zeezout 128, 135, 145, 149, 186, 281, 320, 352, 423, 424, 430, 432

    zoutflakes 125, 130, 132, 159, 205, 237, 239, 276, 315, 328, 331, 365, 431

ADRESSEN & LINKS

Voor ingrediënten en materialen

Voor cacaobonen:
- Daarnhouwer & Co B.V., daarnhouwer.nl

Voor chocolade en cacaoproducten van hoogwaardige kwaliteit:
- Barry Callebaut Nederland, callebaut.com/nl-NL

Voor een uitgebreid assortiment chocoladevormen en machines:
- Henk Koenen V.O.F., henkkoenen.nl
- Chocolate World, chocolateworld.be

Voor machines gericht op chocoladeverwerking:
- Zilco Industrial B.V., zilco-industrial.nl

Kookwinkels

Benodigdheden vind je ook ruimschoots in (grotere) kookwinkels, onder andere:
- Amsterdam: Duikelman, duikelman.nl
- Rotterdam: Kookpunt, kookpunt.nl
- Den Haag: DOK, dokhomeofcooking.nl
- Maastricht: Kookhuis aan de Maes, kookhuisaandemaes.nl

Opleidingen en workshops

Voor patisserie- en chocolaterie-opleidingen:
- Bakery Institute, bakeryinstitute.nl
- Culinair Centrum Beverwijk, culinaircentrumbeverwijk.nl

Geen zin om zelf aan de slag te gaan?

De beste chocolade in Amsterdam vind je bij:
- Metropolitan, metropolitan.nl

OVENSCHAAL **OVENTHERMOMETER** **PALETMES** **PAN**

PANNENLIKKER **PLASTICFOLIE** **RASP** **ROLSTOK**

RONDE BAKVORM **ROOKMOT** **ROOKOVEN** **ROOSTER**

SATÉPRIKKER **SCHAAR** **SCHENKKAN/MAATBEKER** **SCHUIMSPAAN**